Jasmin Krüger

Reise mit mir an die ostfriesische Nordseeküste

Travel with me to the East Frisian North Sea coast

Viaja conmigo a la costa del Mar del Norte de Frisia Oriental

Reiseskizzenbuch in 3 Sprachen

Travel sketchbook in 3 languages

Cuaderno de bocetos de viaje en 3 idiomas

Alle Rechte vorbehalten

Umschlagmotiv und Umschlaggestaltung: Jasmin Krüger

Bilder: Jasmin Krüger

Text: Jasmin Krüger, Vielen Dank an die fleißigen Leser und Übersetzer

Druck und Bindung: Amazon

Originalausgabe

Instagram: @jk_kreativ_

Danke an alle, die mich bei diesem Projekt unterstützt haben.

Thanks to everyone who supported me in this project.

Gracias a todos los que me apoyaron en este proyecto.

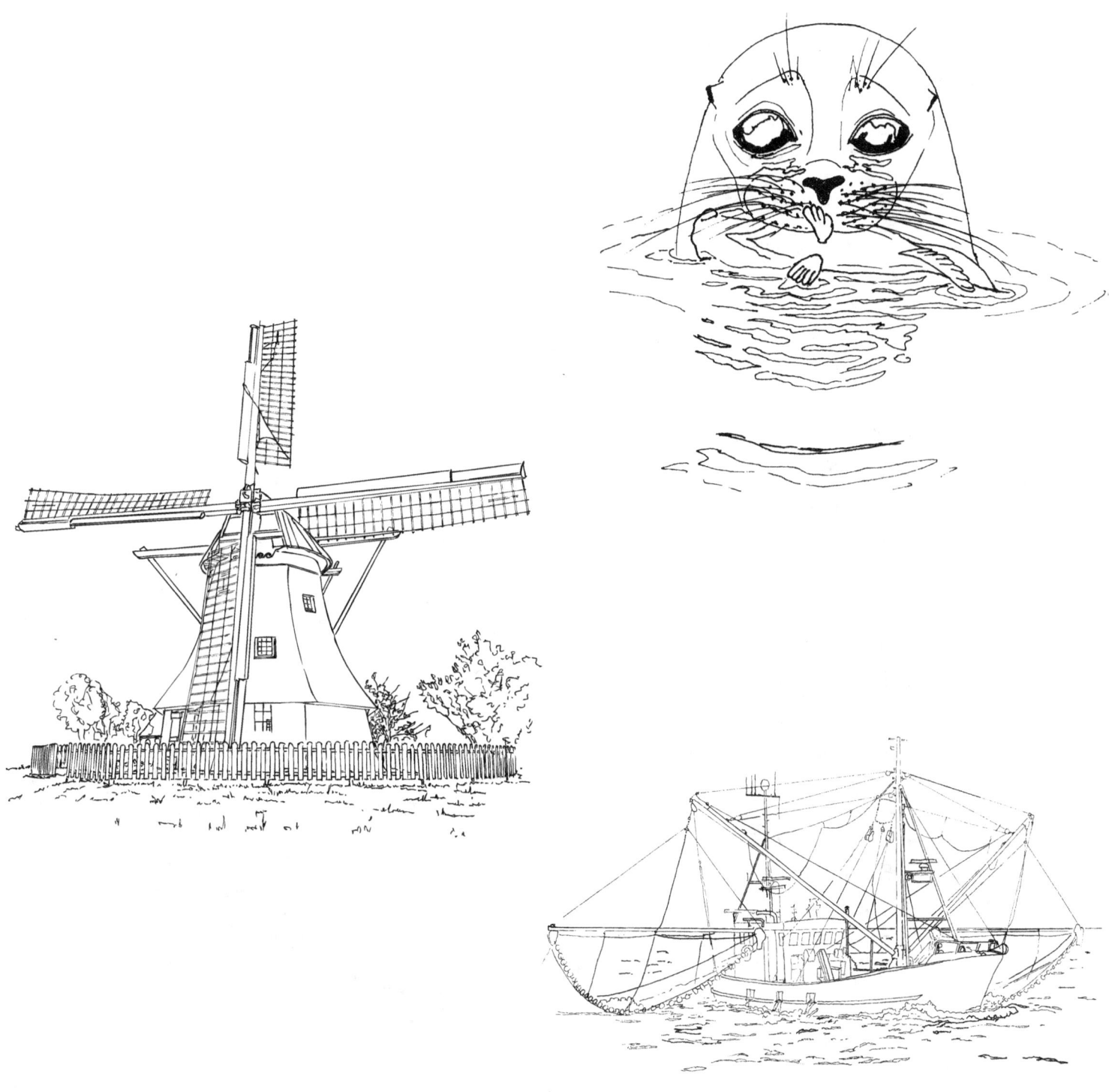

Dieses Buch möchte ich meinem Herzensmensch widmen.

Sprachen lernen:
DE = Deutsch
EN= Englisch
SP = Spanisch

Learn languages:
DE = German
EN= English
SP = Spanish

Aprende idiomas:
DE= alemán
EN= Inglés
SP = Español

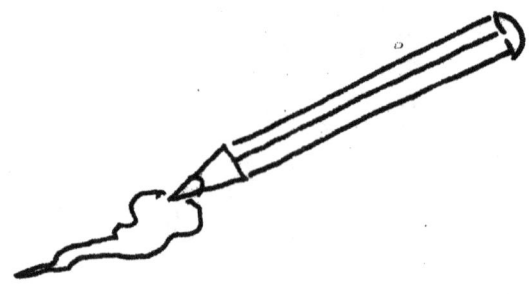

Empfehlungen zum Ausmalen:

- **Buntstifte**
- **Bleistifte**
- **Wachsmalstifte**
- **Filzstifte**
- ....

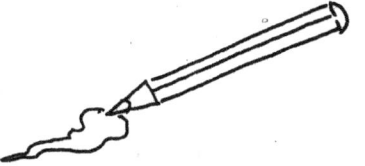

Recomendaciones para el coloreado:

- lápices de colores
- lápices
- lápices de cera
- rotuladores
- ....

Coloring recommendations:
- colored pencils
- pencils
- crayons
- felt-tipped pens
- ....

Bild aus dem Buch schneiden und einrahmen.
Cut out the picture from the book and frame it.
Recorta la imagen del libro y enmárcala.

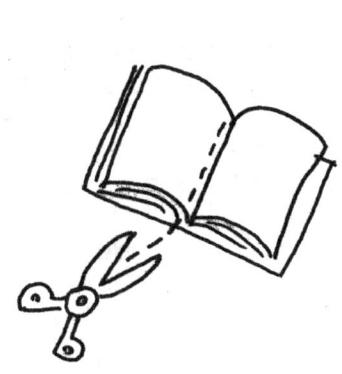

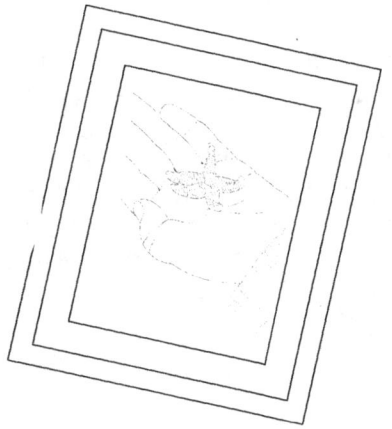

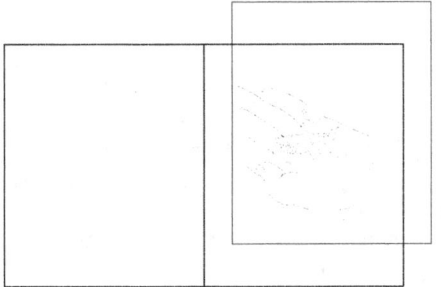

Bild durchpausen und z.B.
auf Aquarellpapier malen

Pause the image and click e.g.
Paint watercolor paper

Calca el dibujo y píntalo sobre,
por ejemplo papel de acuarela

DE   Hallo oder **Moin** wie wir hier im Norden sagen.

Als erstes möchte ich mich dir vorstellen:
- ich heiße Nea bunte Socke
- mein Beruf - wilde Piratin
- ich bin auf der Nordsee unterwegs

So ein Piratinnenleben kann sehr anstrengend sein.
Da hilft eine gute Tasse Tee, tief durchatmen, ein Blatt Papier,
Stifte in der Hand und dann wird alles zum Thema Meer gemalt.
Und genau dazu möchte ich dich mitnehmen.
Ob Groß oder Klein, Jung oder Alt, Landratte oder auf dem Meer unterwegs,
schnapp dir ein paar Buntstifte, Bleistifte oder womit du gerne malst.
Gestalte den Norden mit mir in deinen Farben.
Gerne kannst du deine Kunstwerke unter dem
#drawwithjk_kreativ_ teilen.

Deine Nea

EN   Hello or **Moin** as we say here in northern germany.

First of all, I would like to introduce myself to you:
- my name is Nea colorful Sock
- my profession - I am a wild pirate
- my home is the North Sea

A pirate's life can be very exhausting, but a good cup of tea helps.
Take a deep breath, a piece of paper, pens and then start working.
I would like to take you on a journey around the Northsea of Germany.
Whether big or small, young or old, landlubber or a lover of the sea,
grab some pens, pencils, or whatever you like to paint with.
Shape the North with me in your colors.
You are welcome to upload your artwork and share under the
#drawwithjk_kreativ_
Your Nea

SP   Hola o Moín como decimos aquí en el norte.

En primer lugar, me gustaría presentarme:
- mi nombre es Nea Calcetín de colores
- mi profesión Pirata salvaje
- estoy en el Mar del Norte

La vida de un pirata puede ser muy agotadora. Una buena taza de té ayuda,
una respiración profunda, una hoja de papel, lápices en mano y luego a pintar todo
sobre el tema del mar. Y justo a ti quiero llevarte conmigo.
Ya seas grande o pequeño, joven o viejo, de tierra o de mar, coge unos bolígrafos,
lápices o lo que te guste para dibujar. Da forma al Norte conmigo en tus colores.
No dudes en publicar tu obra de arte bajo el
#drawwithjk_kreativ_

Tu Nea

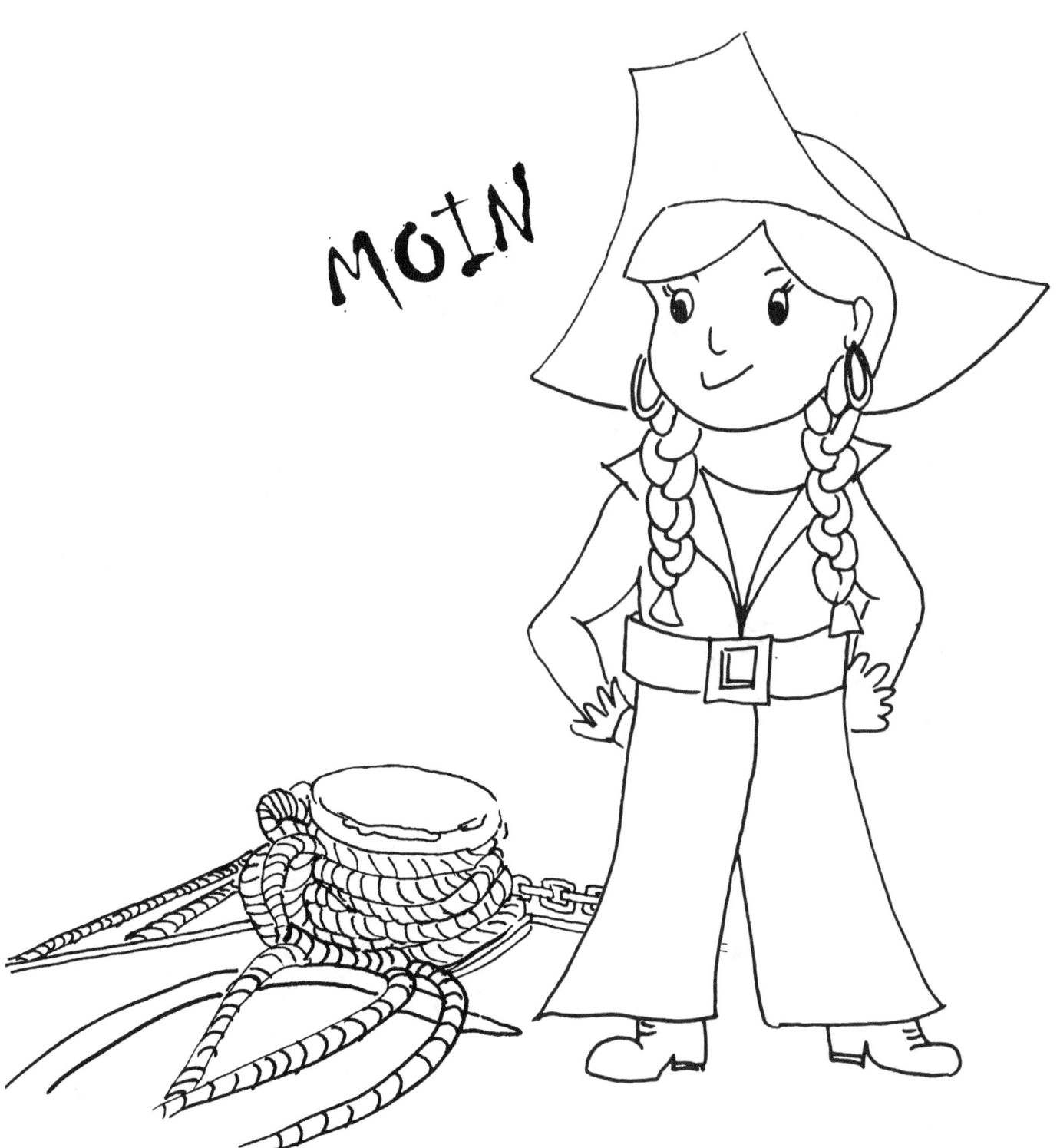

DE Landkarte

EN map

mapa

SP

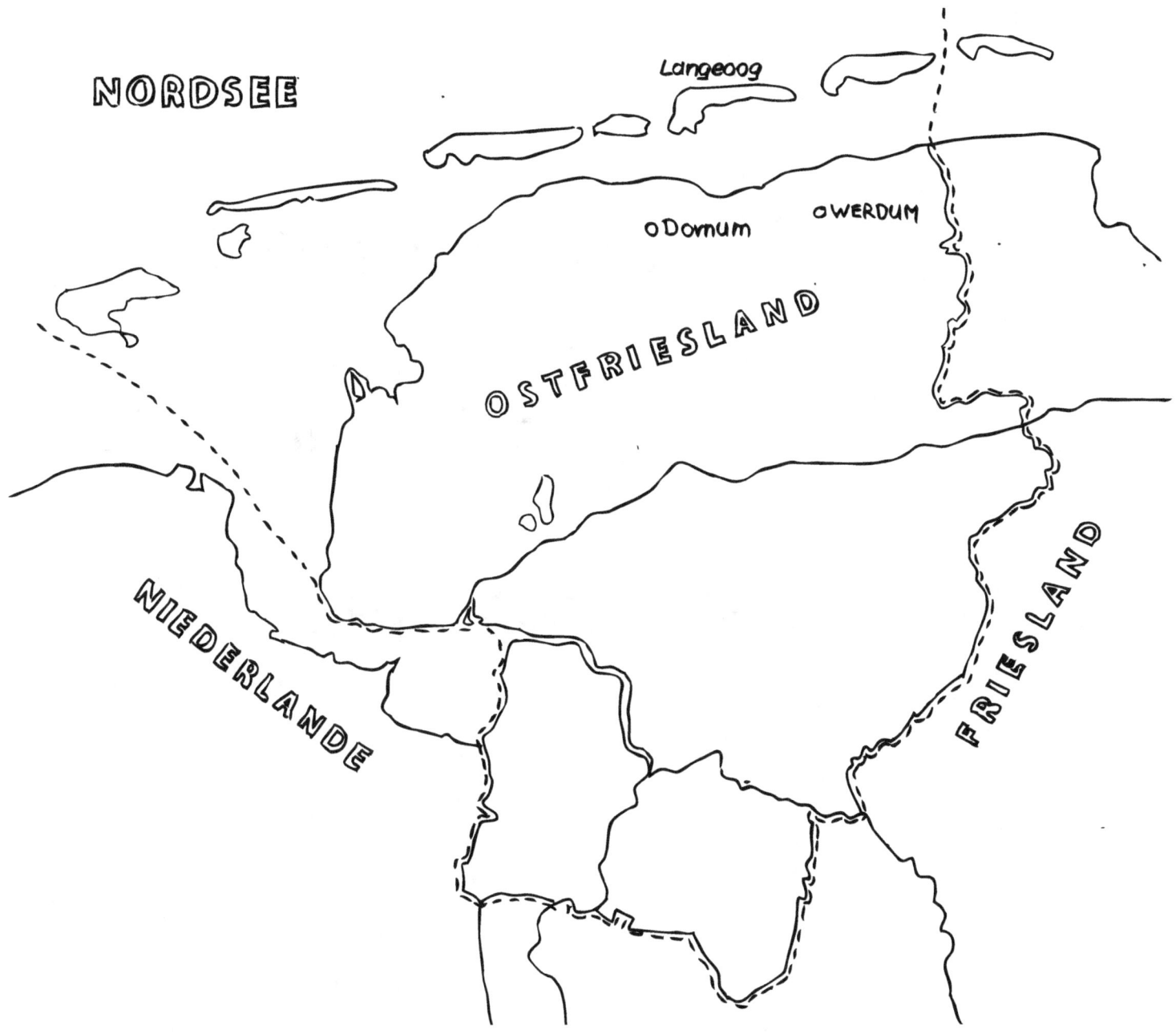

DE Seemann mit Pfeife

EN sailor with a pipe

SP marinero con pipa

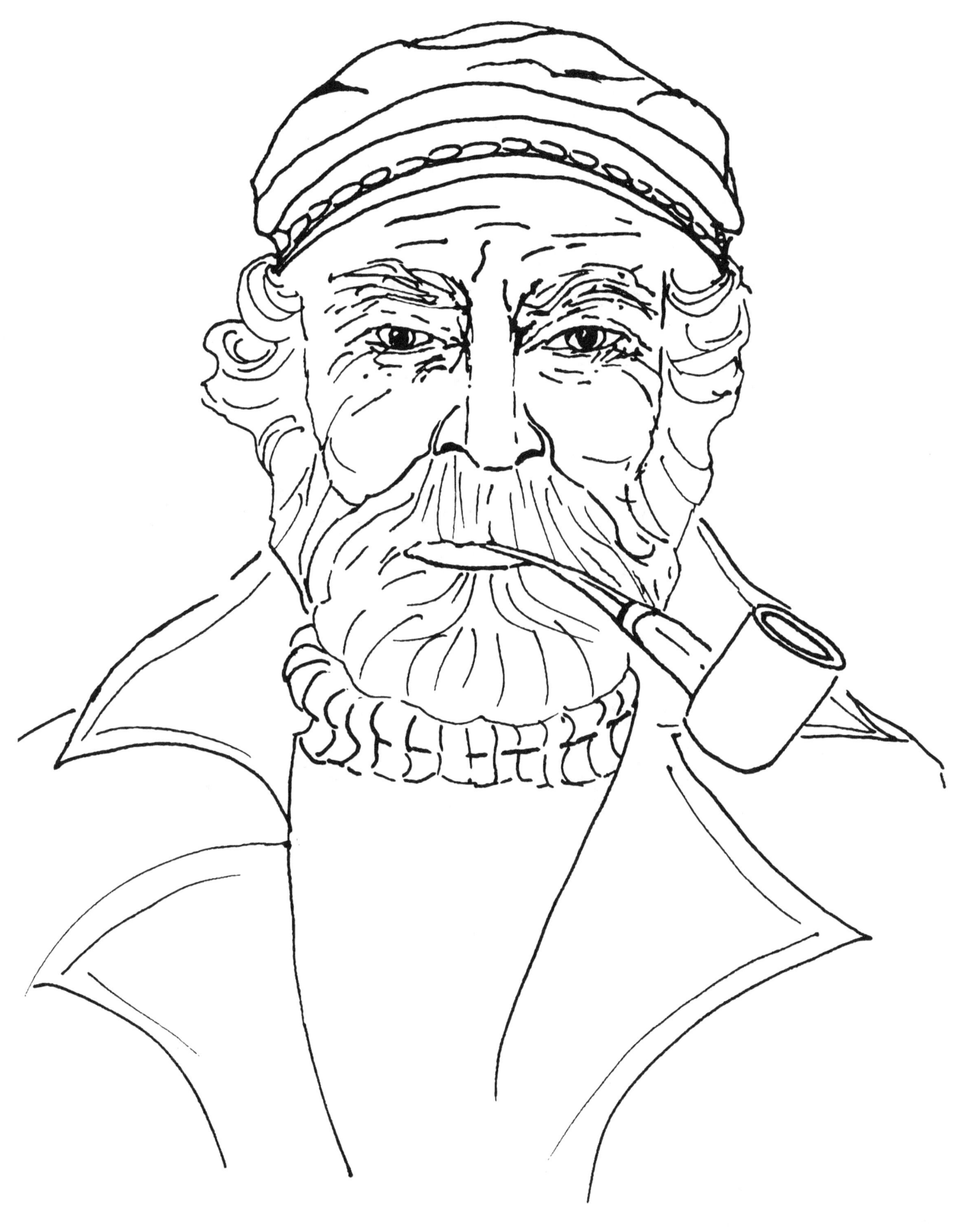

DE Kutter auf dem Meer

EN cutter on the sea

barco de pesca en el mar
SP

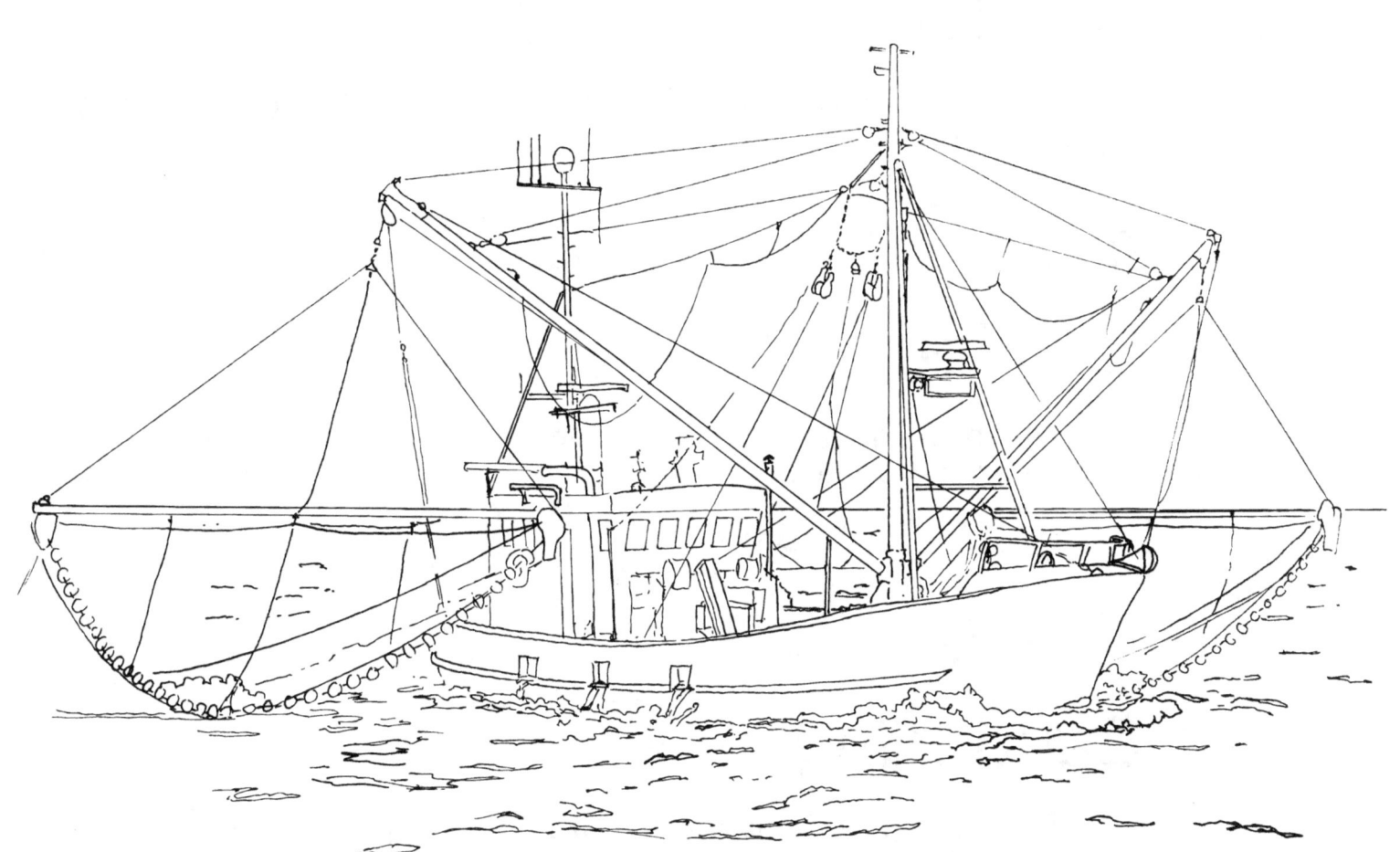

DE **Vogel**

Sanderling

Das Gefieder ist an der Oberseite hellgrau und bräunlich gefärbt.
Der Bauch ist weiß.

EN **bird**

Sanderling

The plumage is light gray and brownish on the upper side.
The belly is white.

SP **pájaro**

Sanderling

El plumaje es gris claro y parduzco en la parte superior.
El vientre es blanco.

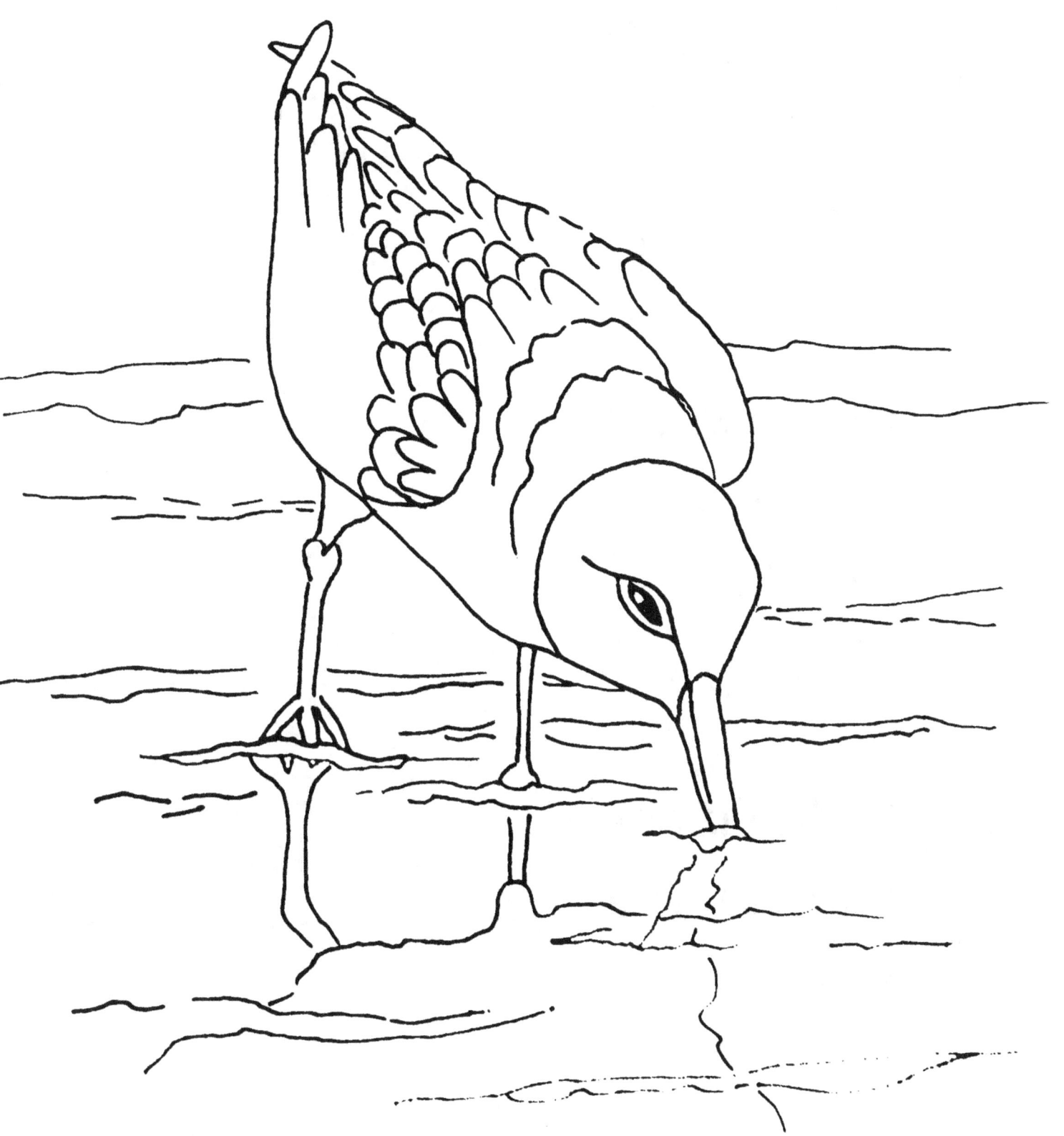

DE Erdholländer
Windmühle
Werdum

EN Erdholländer
windmill
Werdum

SP Erdholländer
molino de viento
Werdum

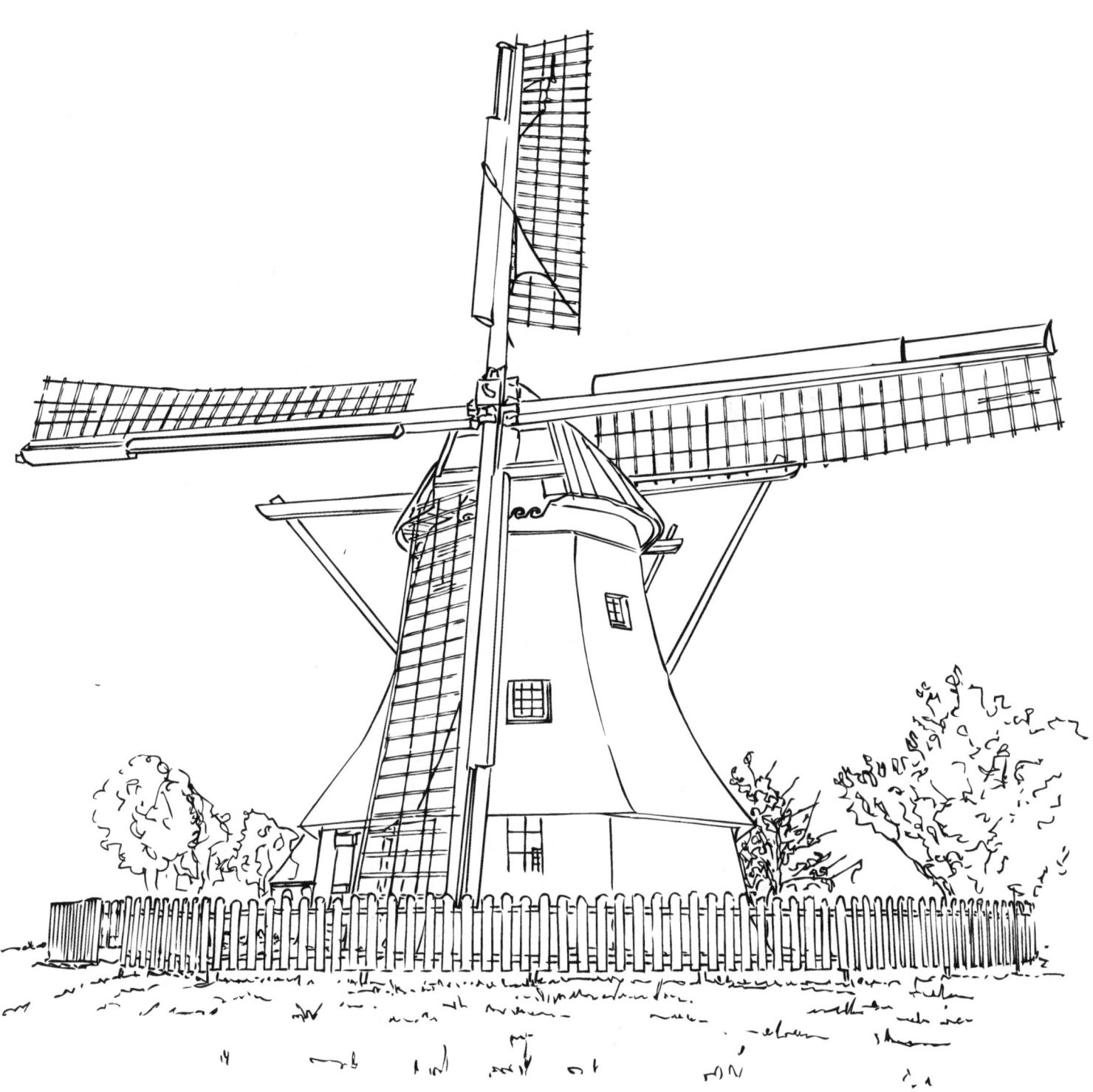

DE Surfen

EN surfing

SP surfear

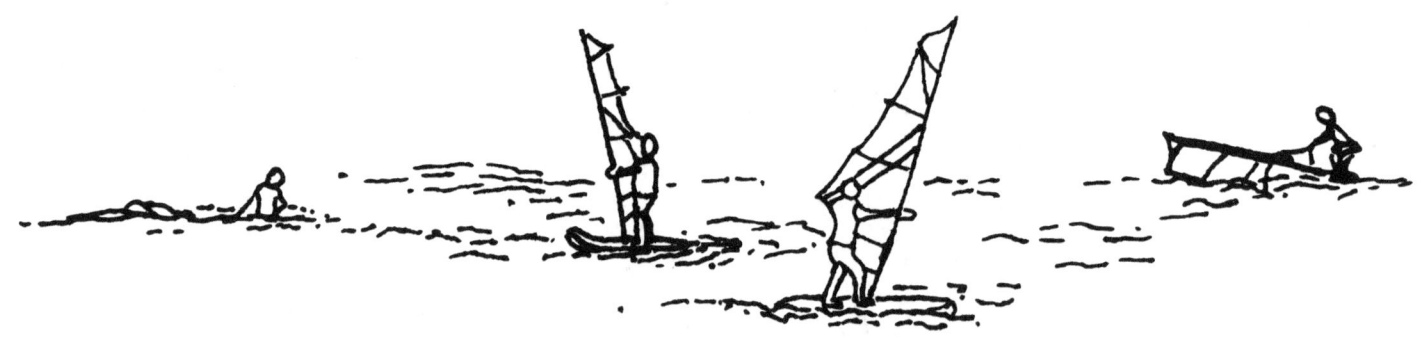

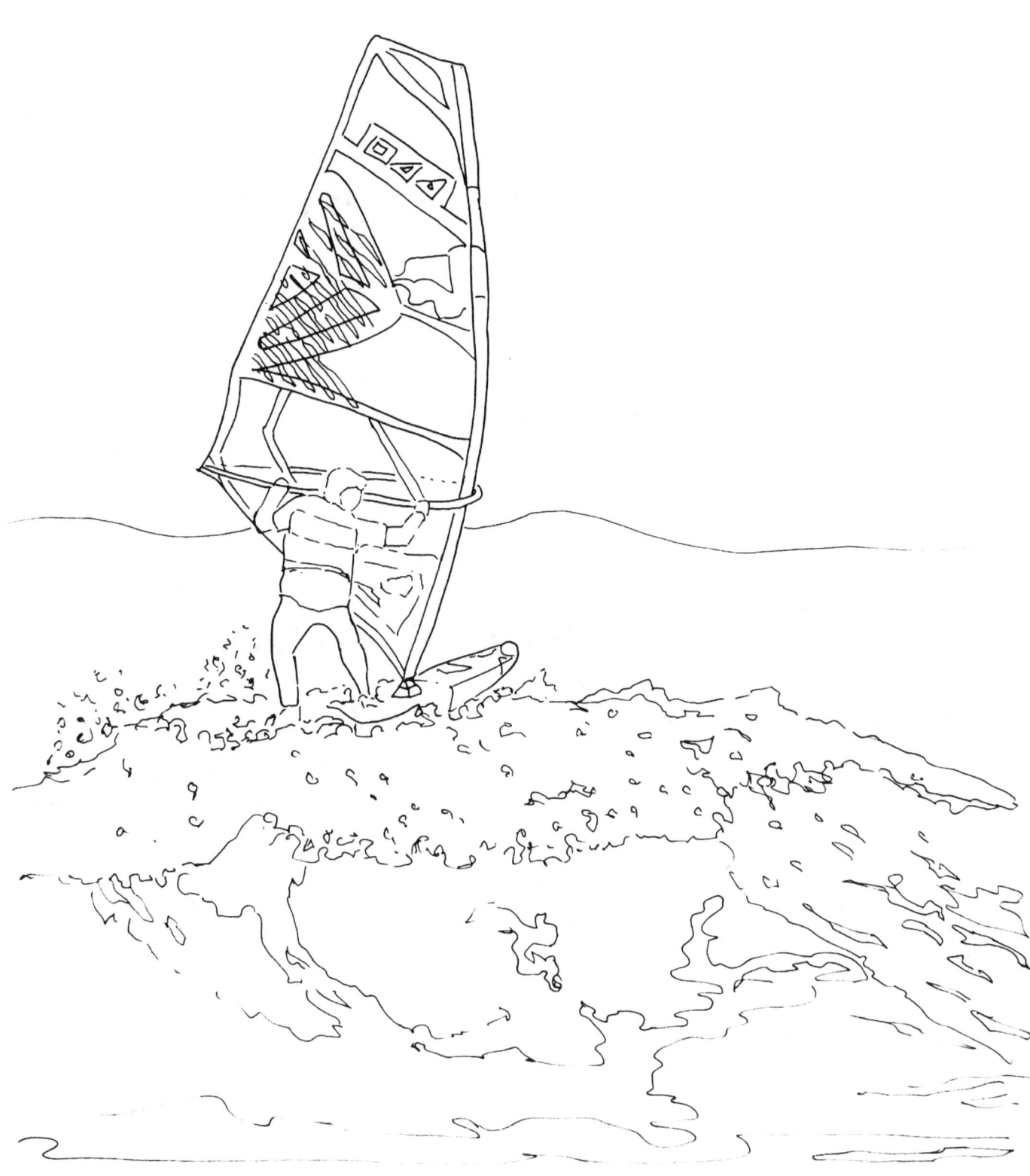

DE **Strandkorb**

EN **beach chair**

SP **sillón de playa
(mimbre)**

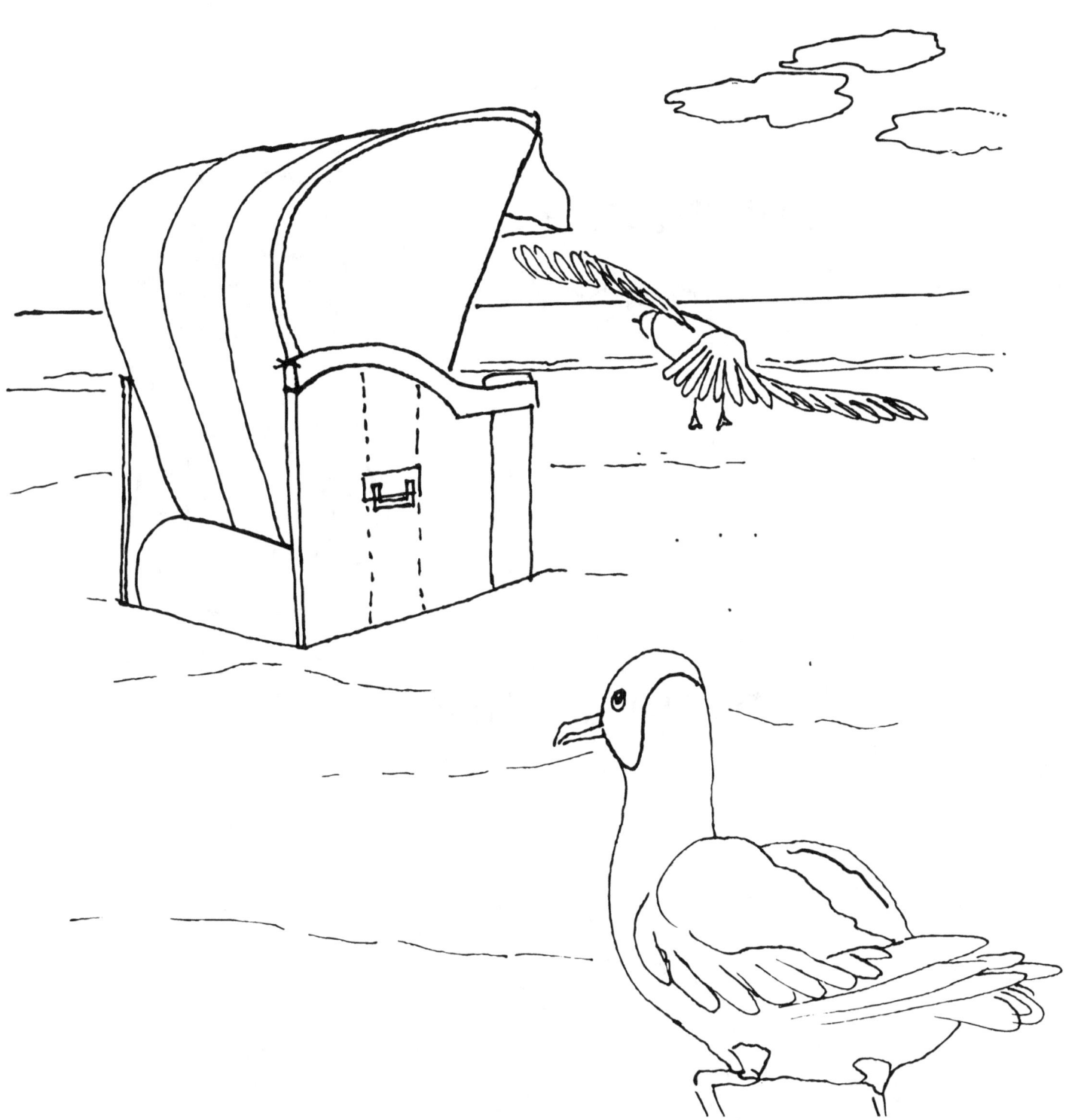

DE Leuchtturm im Meer

EN lighthouse
in the sea

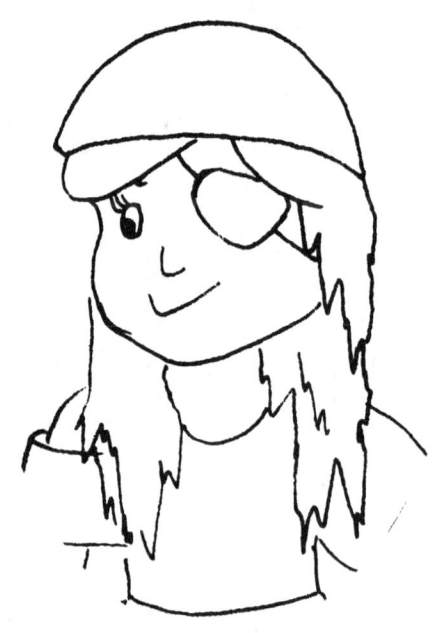

SP faro en el mar

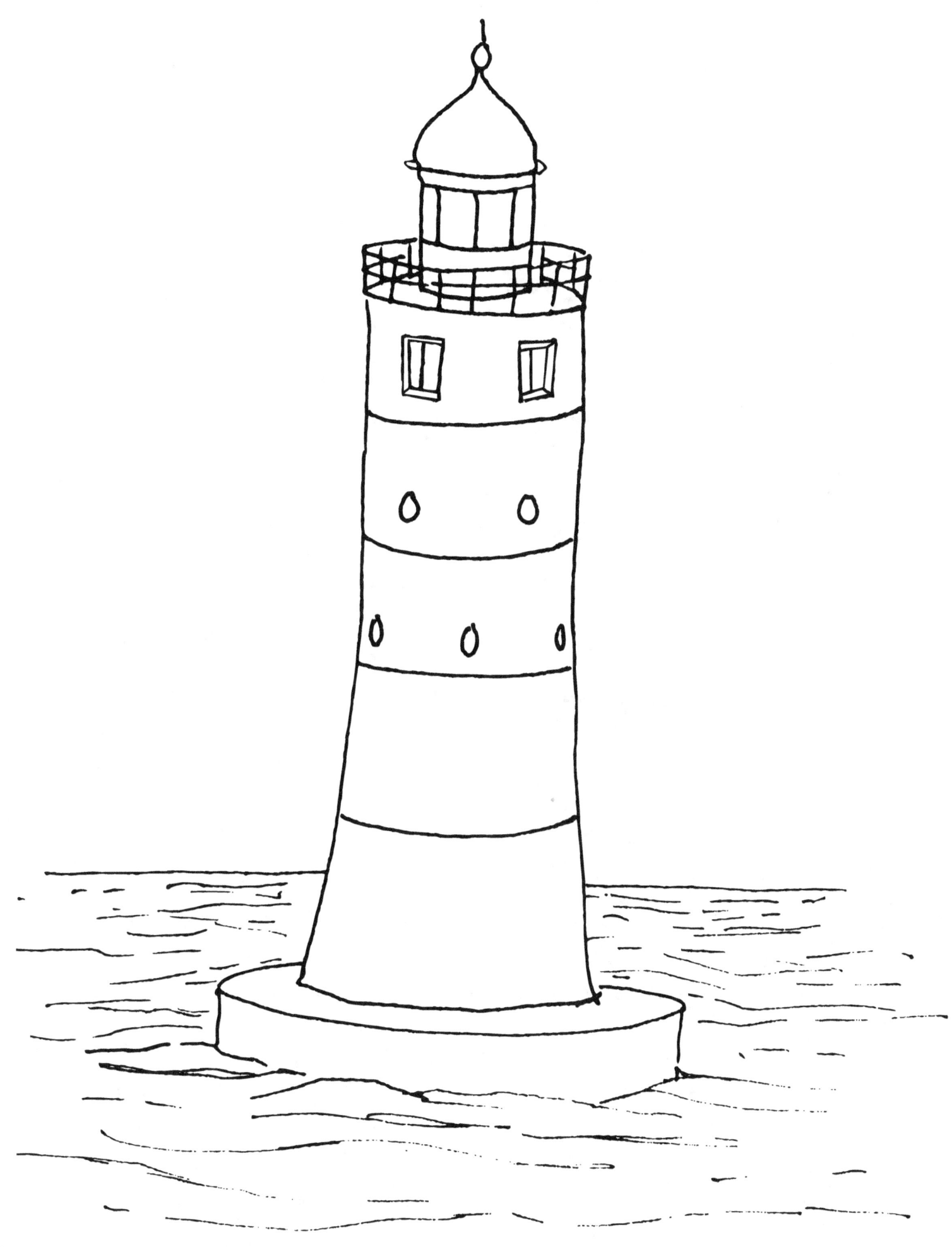

DE Kapitän

EN captain

capitán
SP

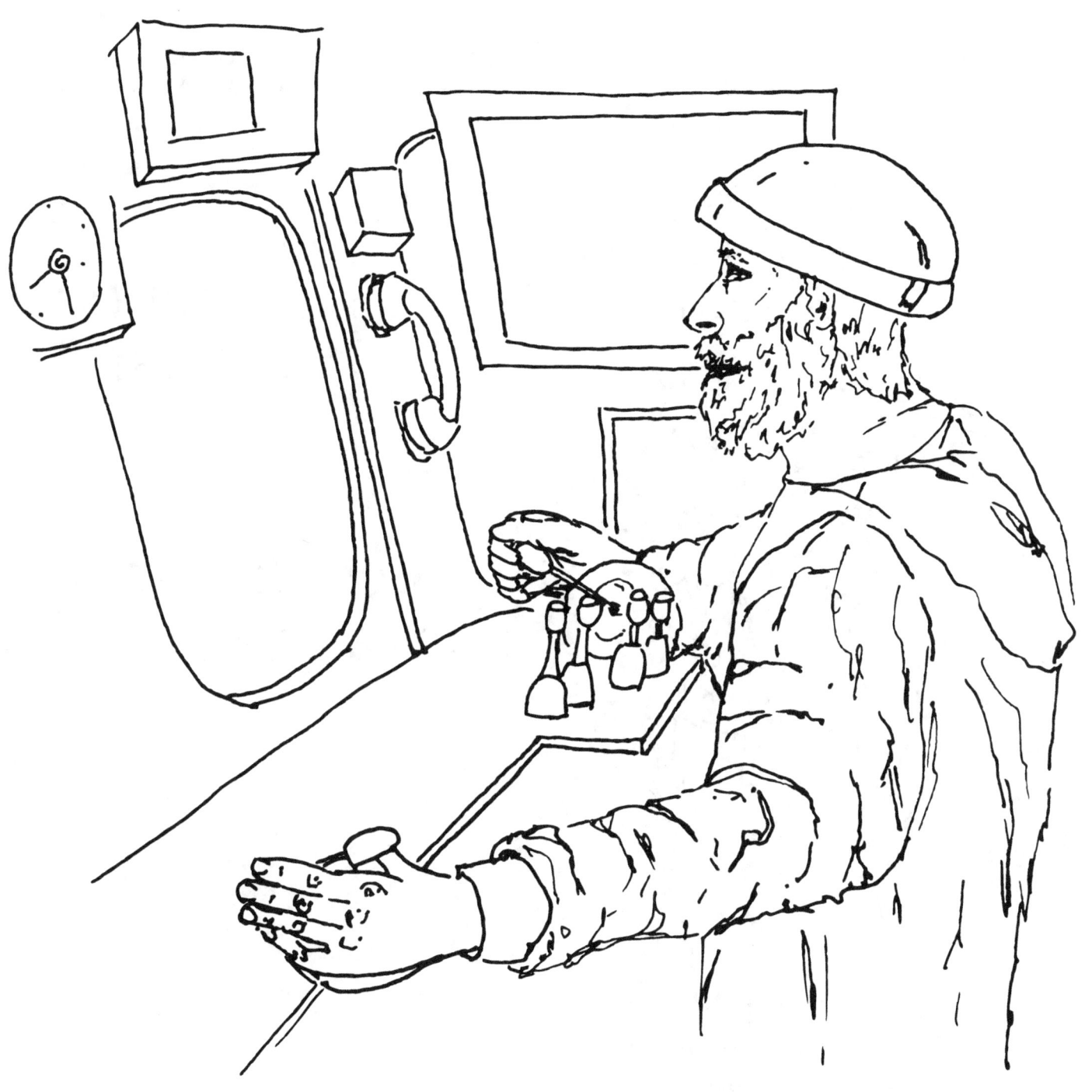

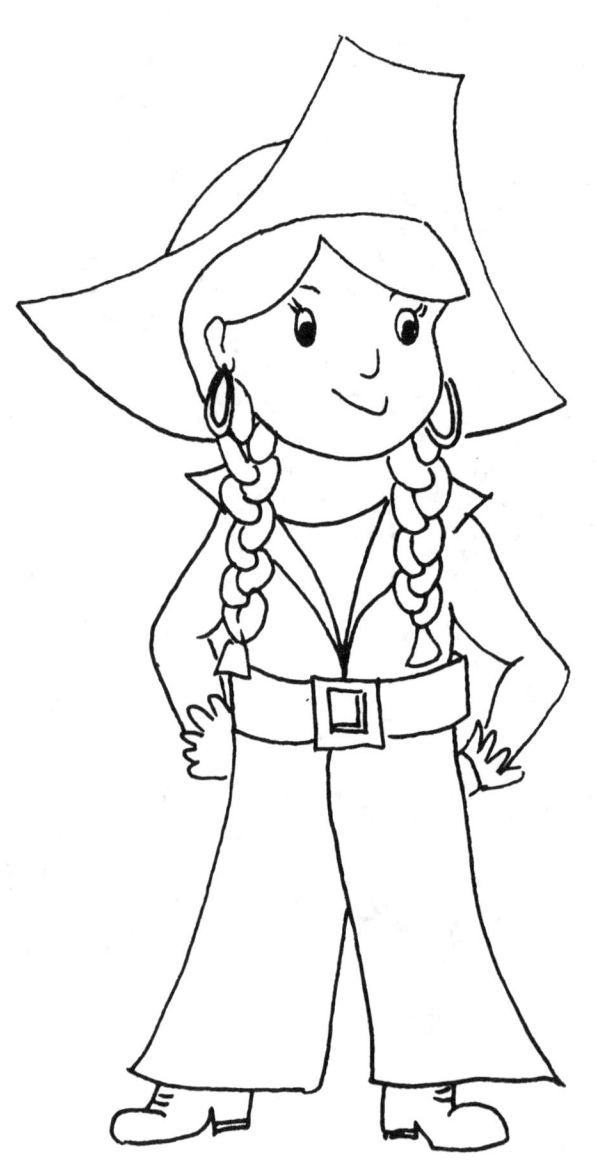

DE **Kutter auf Sand**

EN **cutter on the sand**

SP **barco de pesca en la arena**

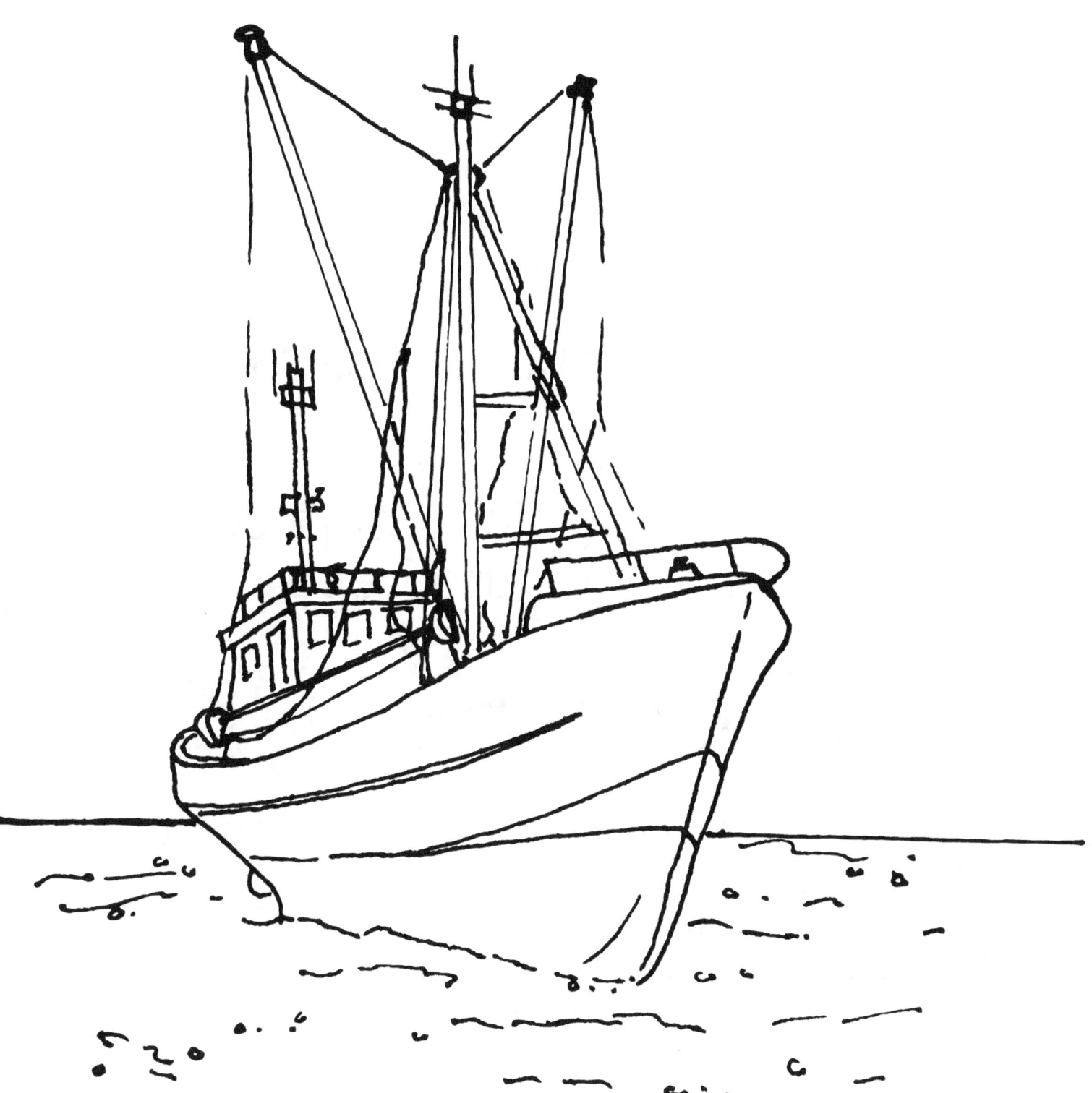

DE Seehund am Strand

EN common seal on the beach

foca en la playa
SP

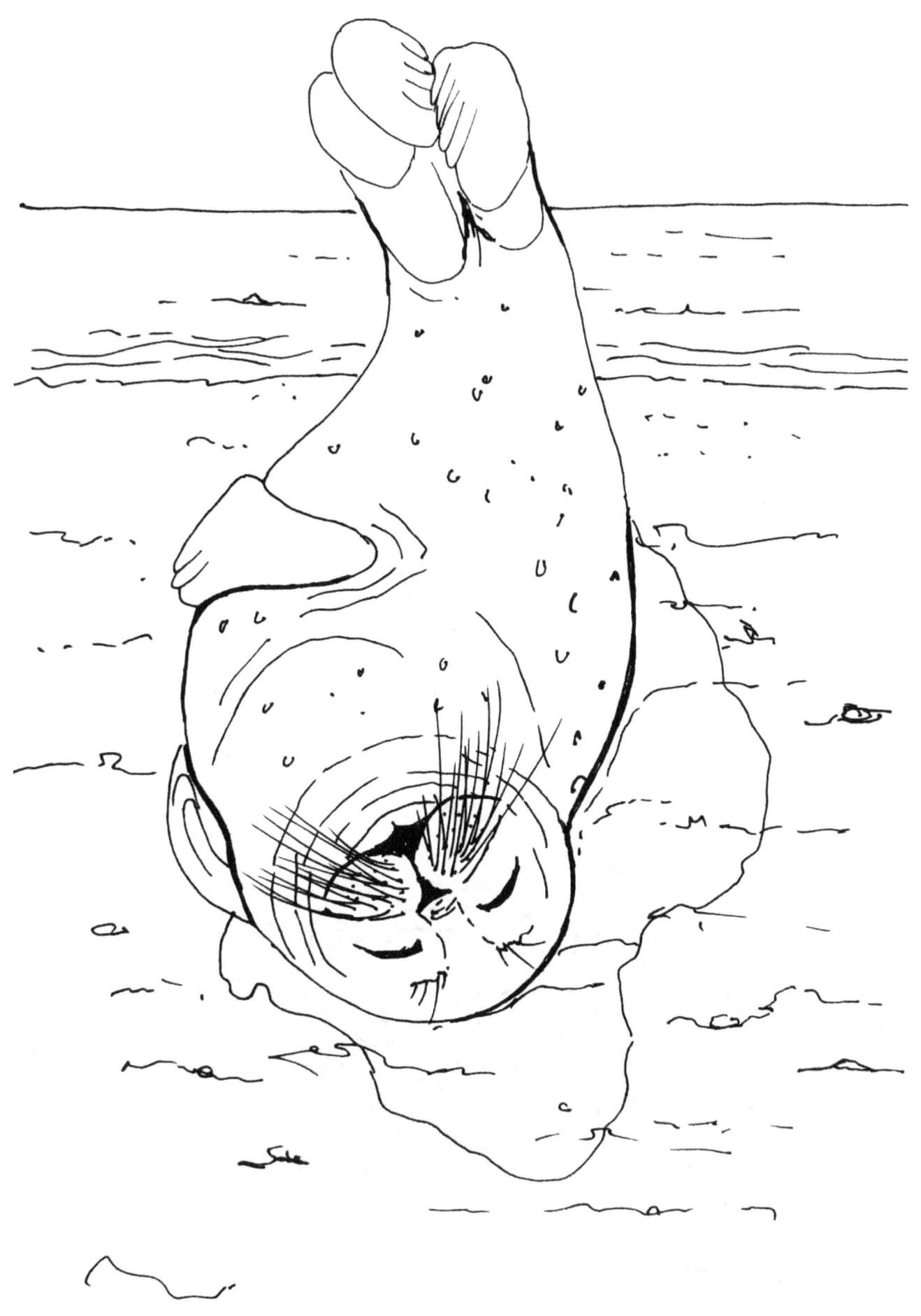

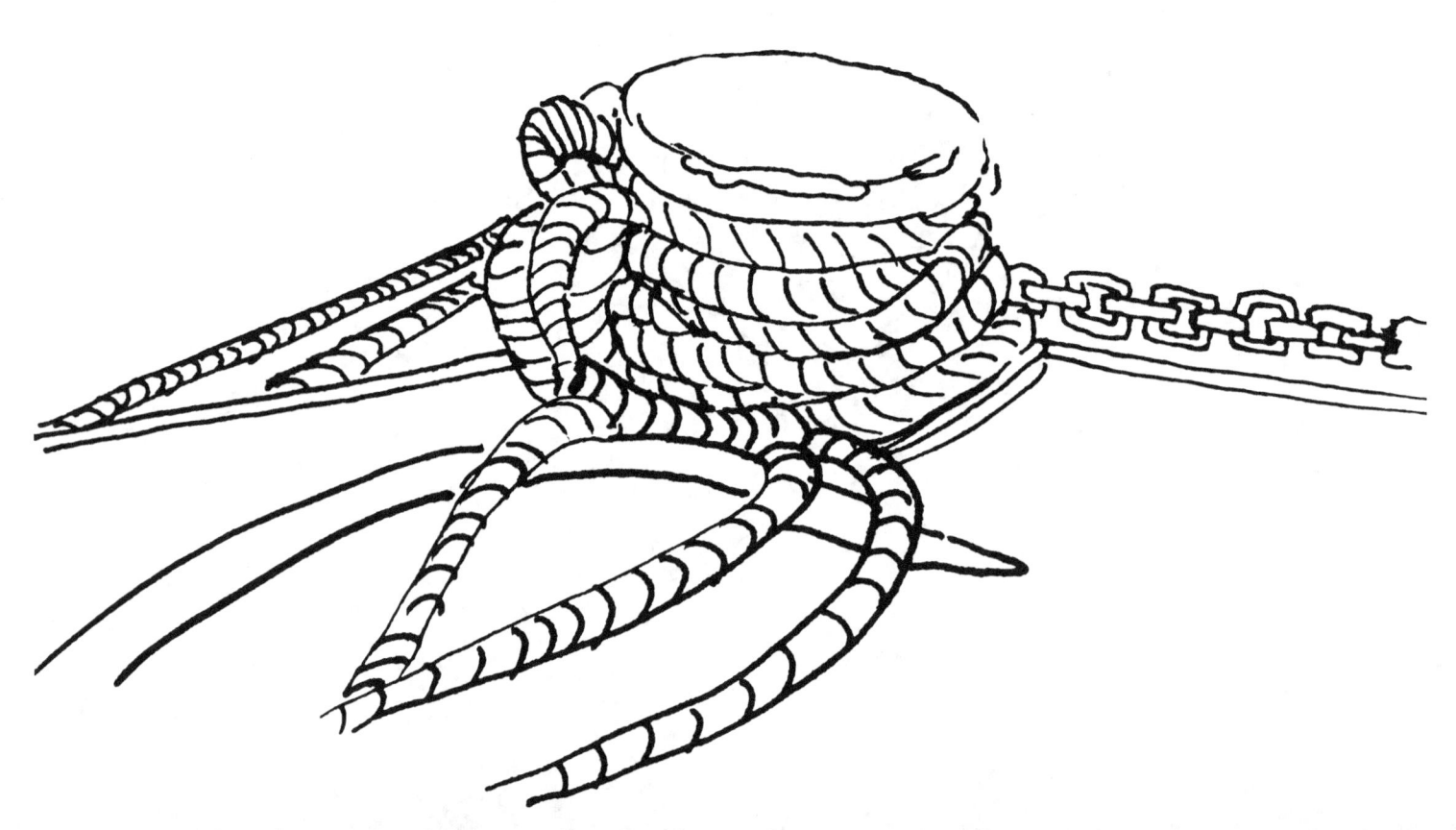

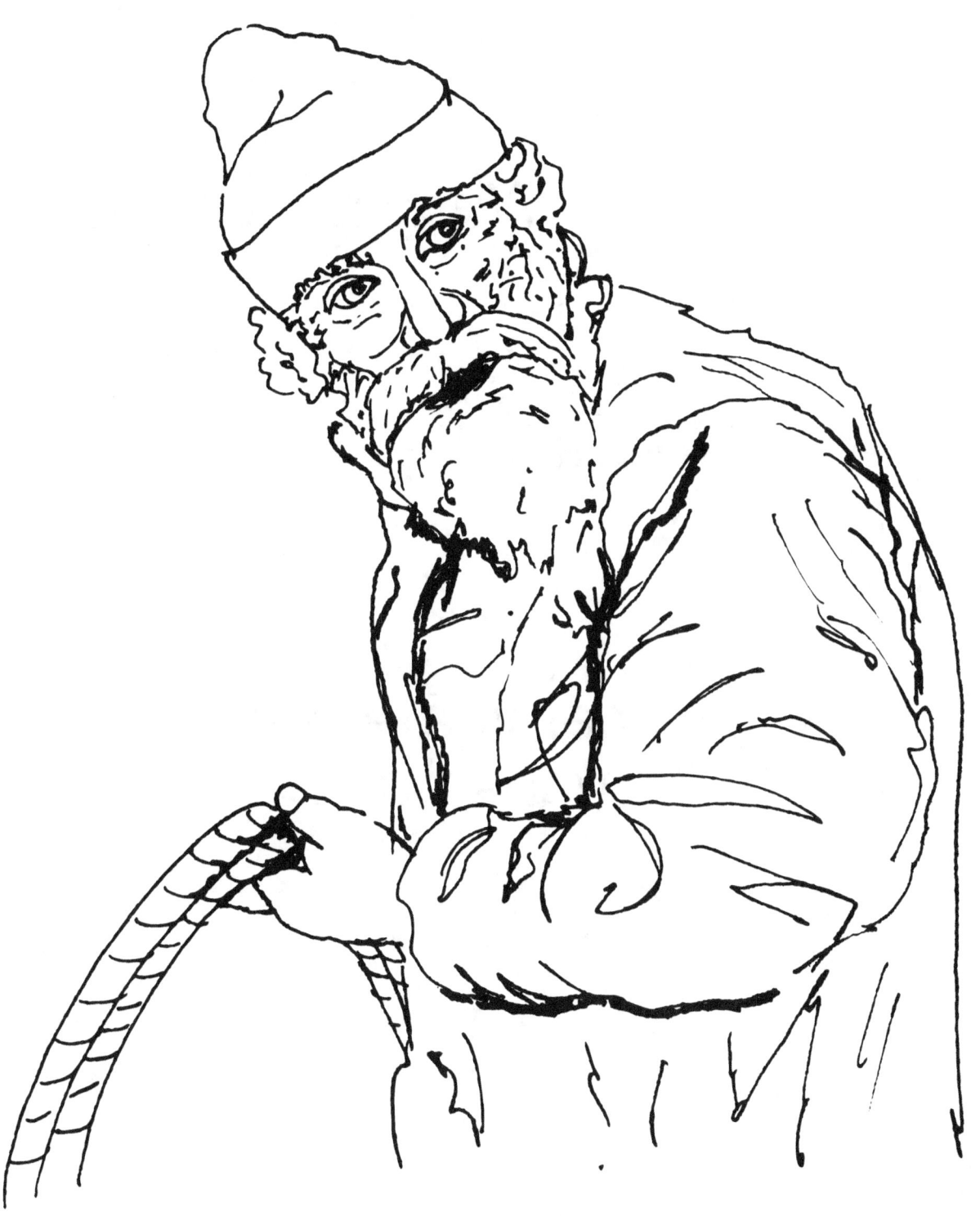

DE Wattwanderung

EN wadden walk

SP caminata por la marisma

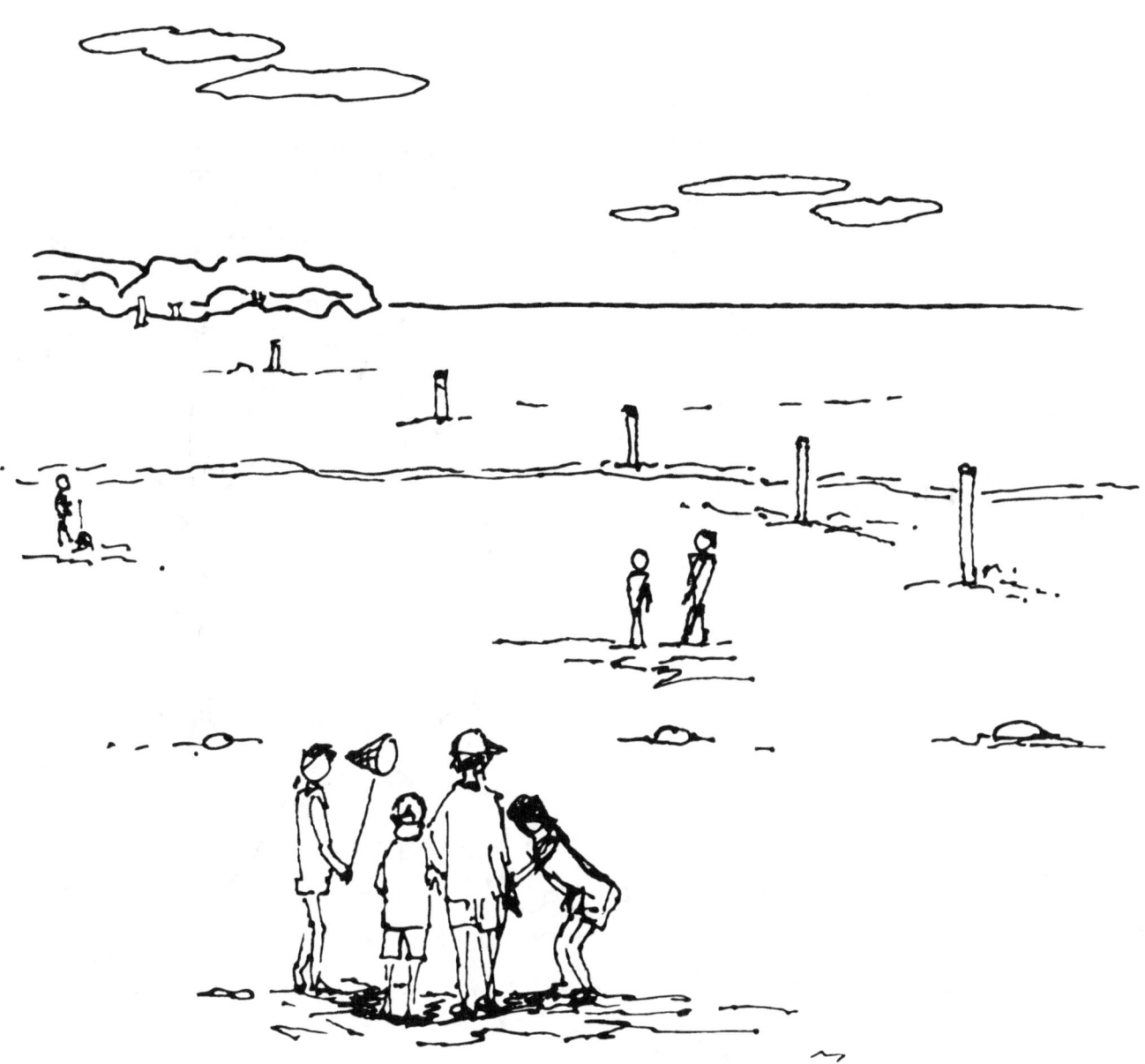

DE Boje

EN buoy

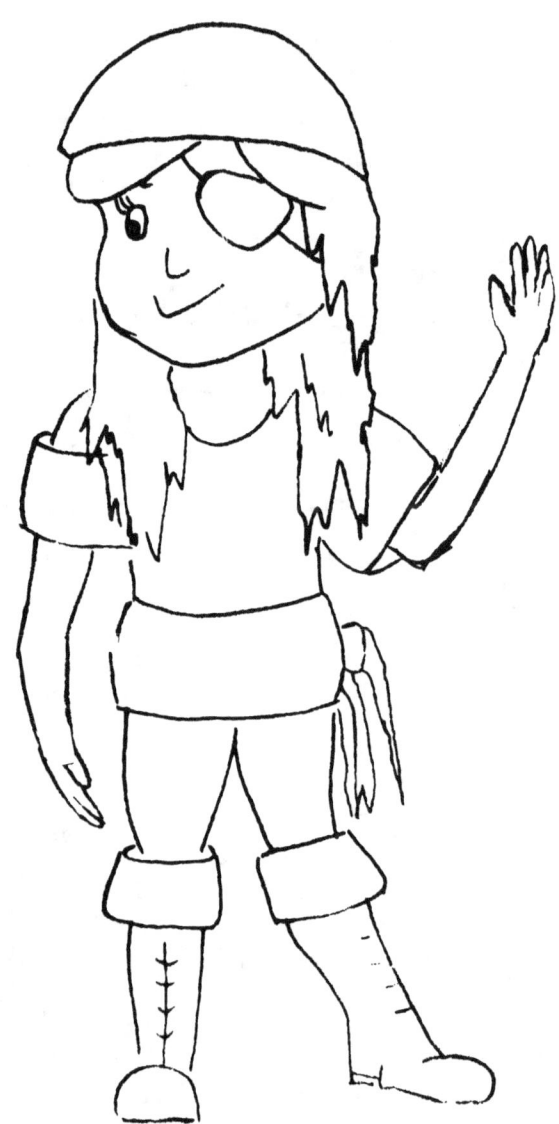

SP boya

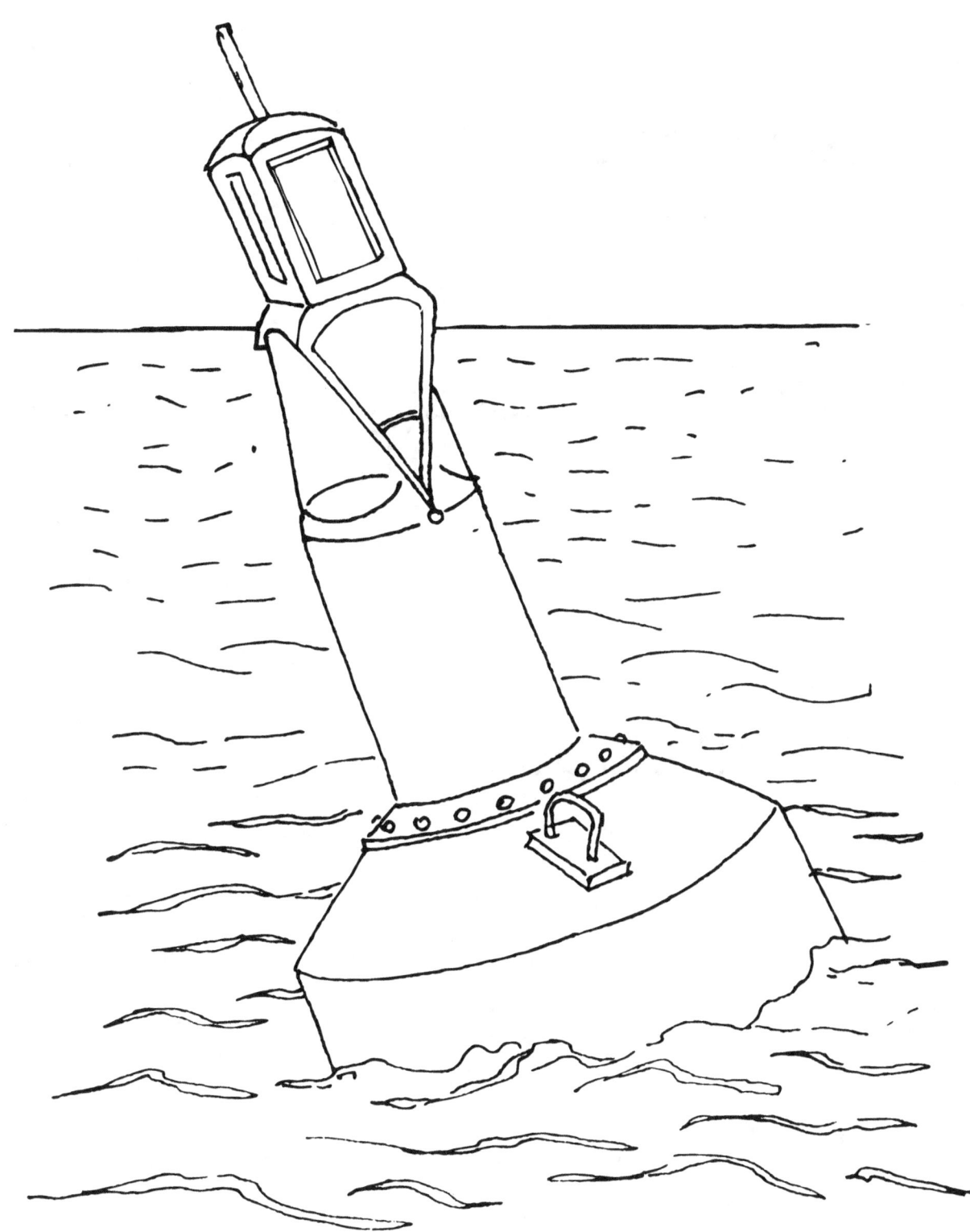

DE Fischernetz

EN fishing net

red de pesca

SP

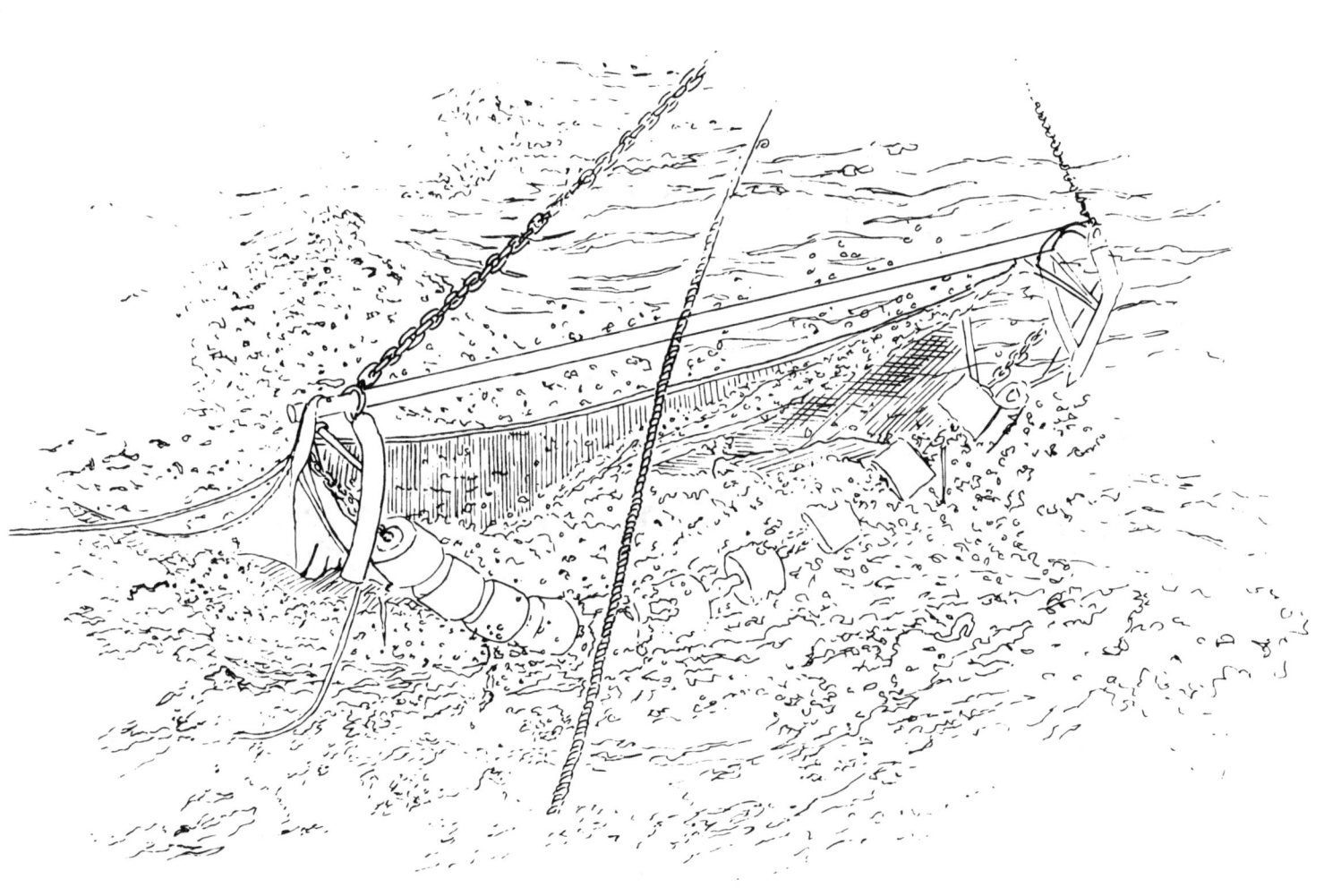

DE Nordseekrabbe

EN north Sea crab

SP cangrejo del Mar del Norte

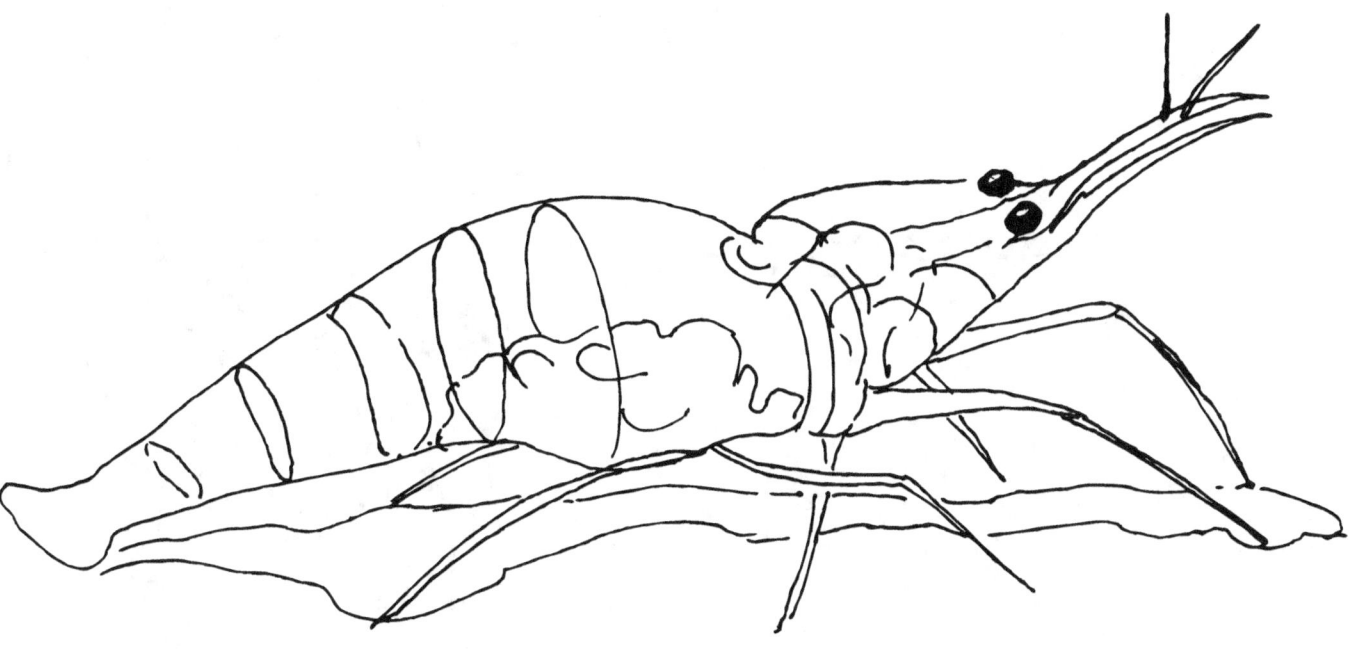

DE **Seestern**

EN **starfish**

estrella de mar
SP

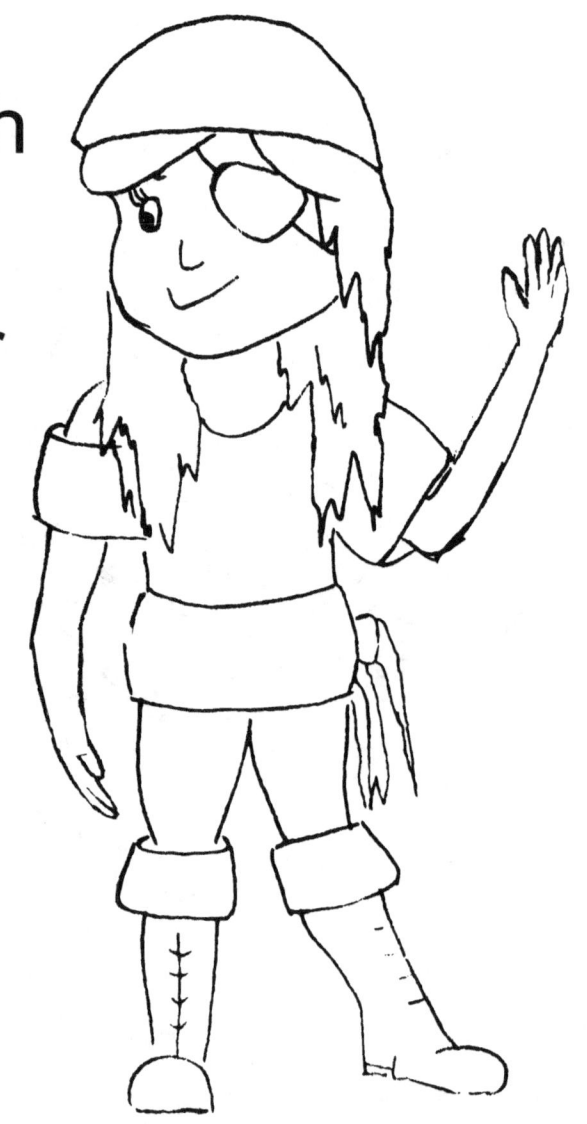

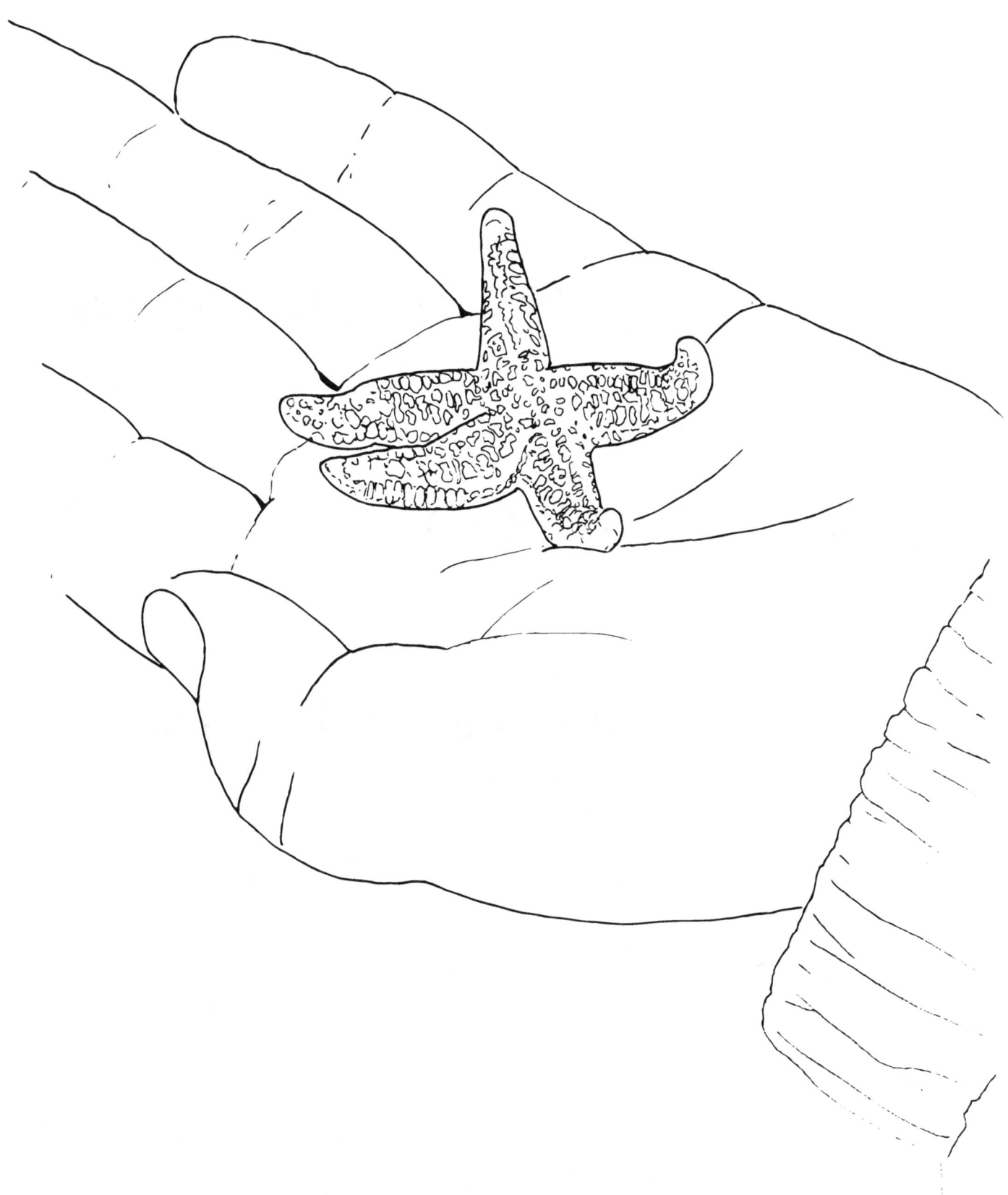

DE Strandspaziergang

EN walk on the beach

SP caminar en la playa

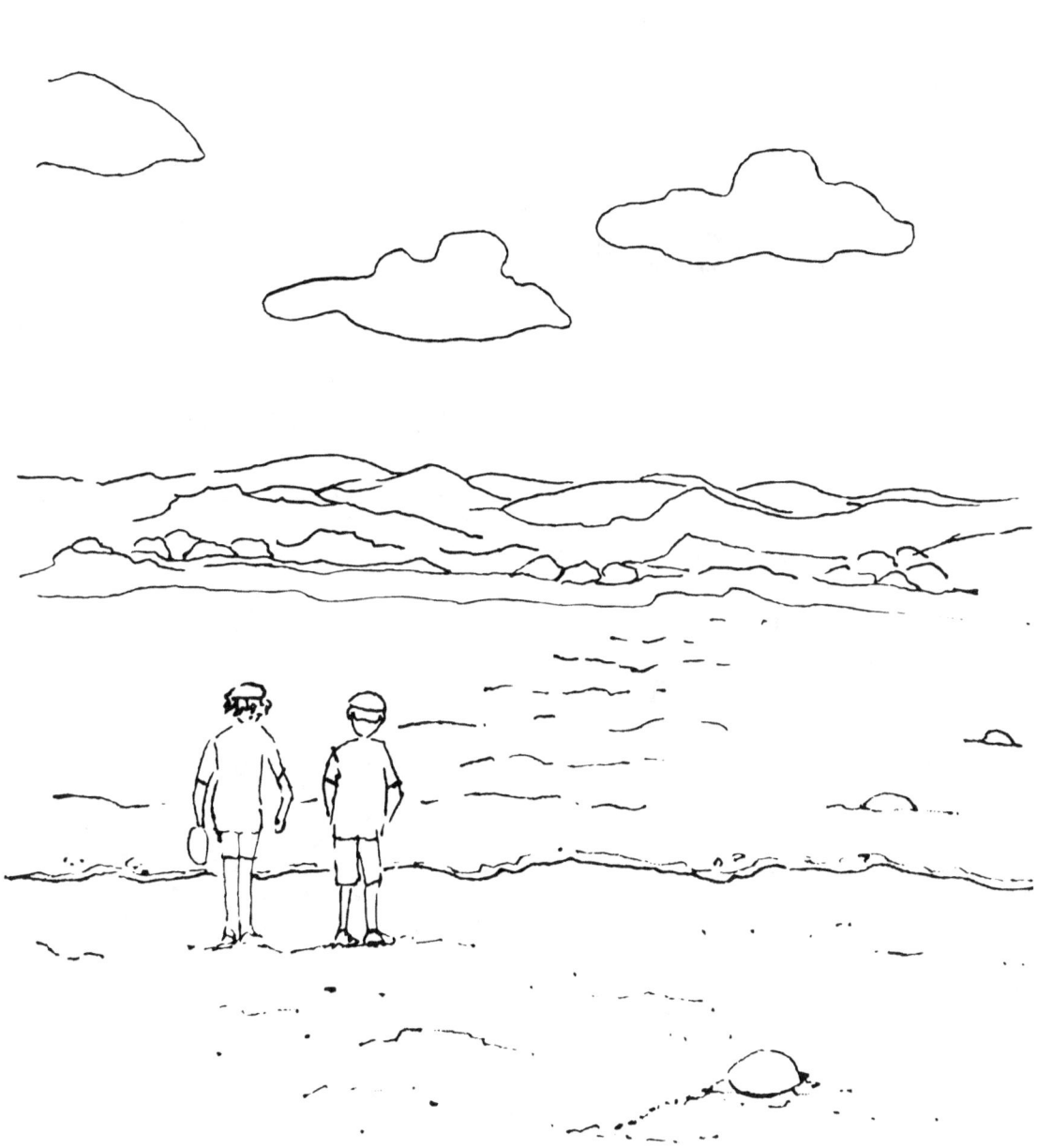

DE Seehund

EN common
seal

SP foca

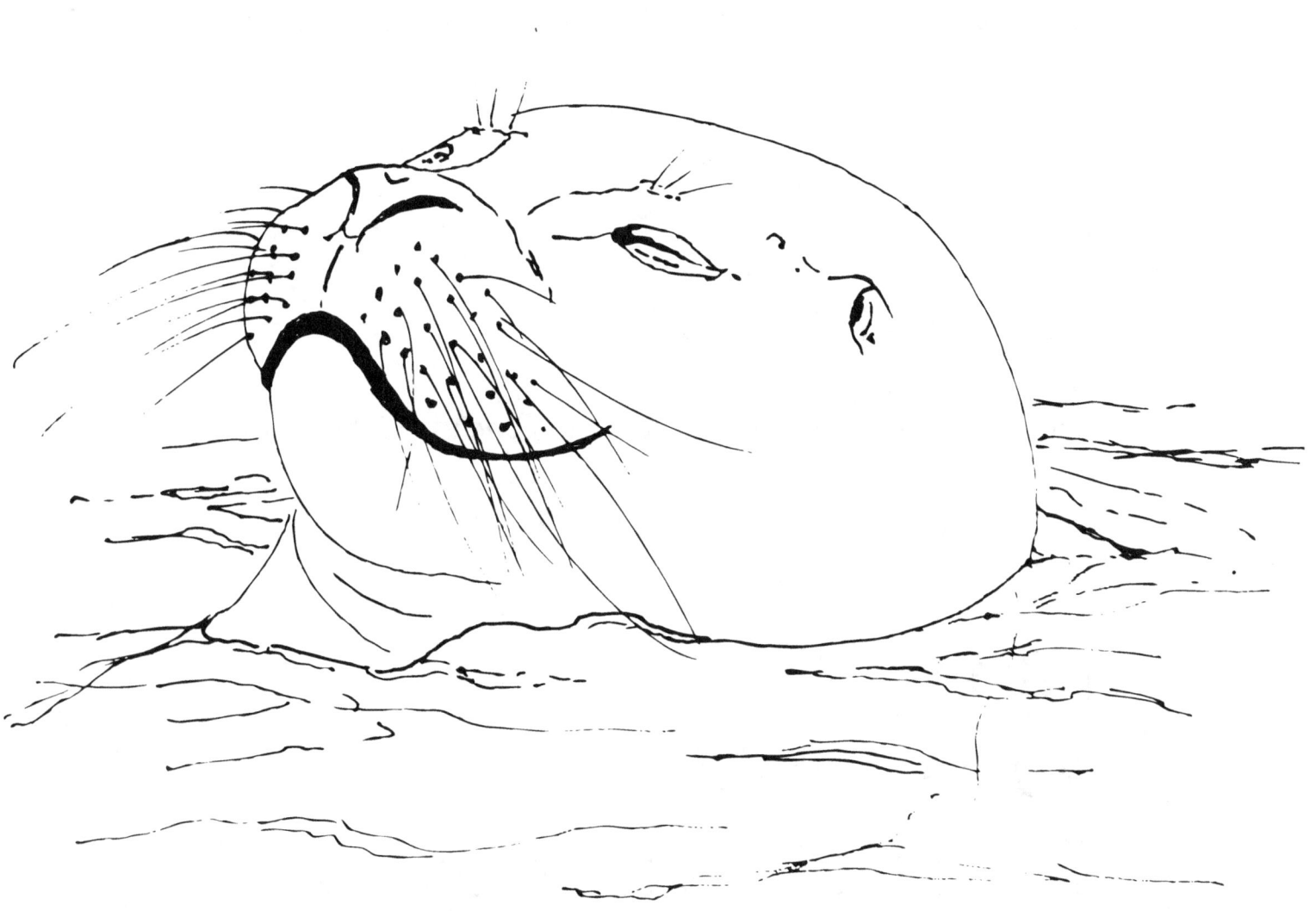

DE Vogel

Austernfischer

Und wie kann es anders sein, liebt dieser Vogel Austern.
Das Gefieder ist am Kopf und Rücken schwarz und der Bauch ist weiß.

EN bird

Austernfischer

It is no surprise that, this bird loves oysters.
The plumage is black on the head and back, and the belly is white.

SP pájaro

Austernfischer

Y cómo no, a esta ave le encantan las ostras.
El plumaje es negro en la cabeza y el dorso y blanco en el vientre.

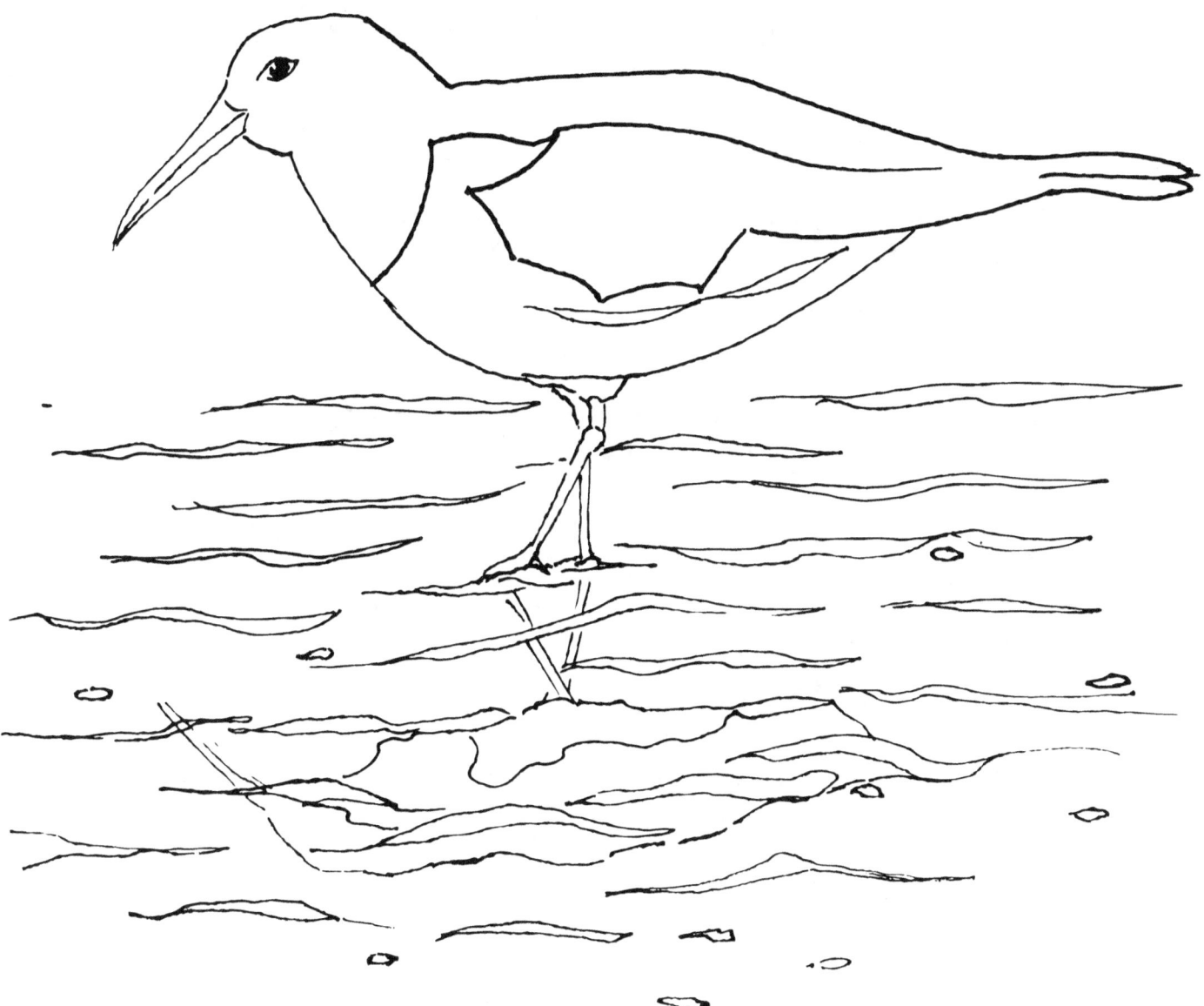

DE Schaf mit Blume

EN sheep with flower

SP oveja con flor

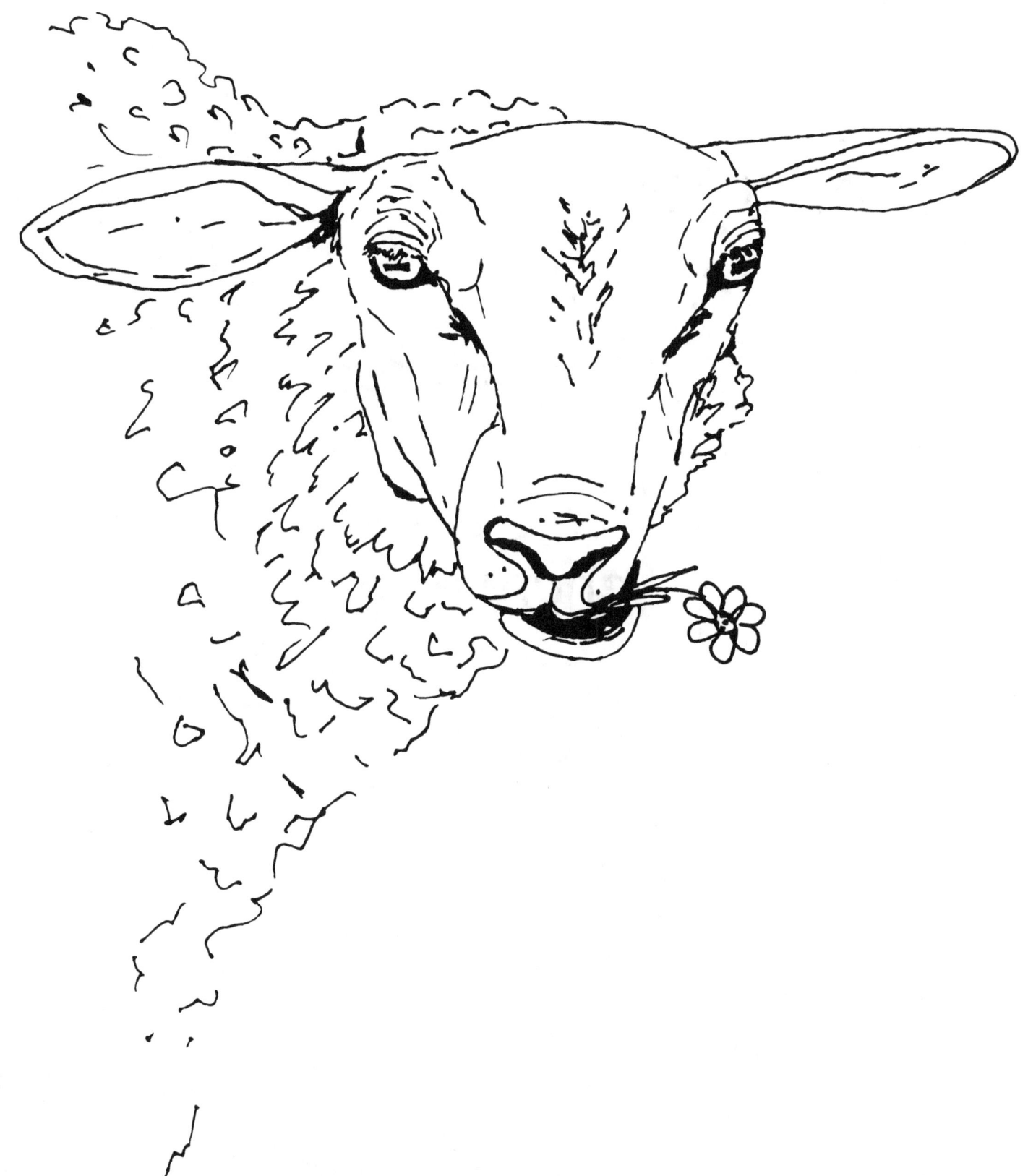

DE Krebs

EN cancer

cangrejo
SP

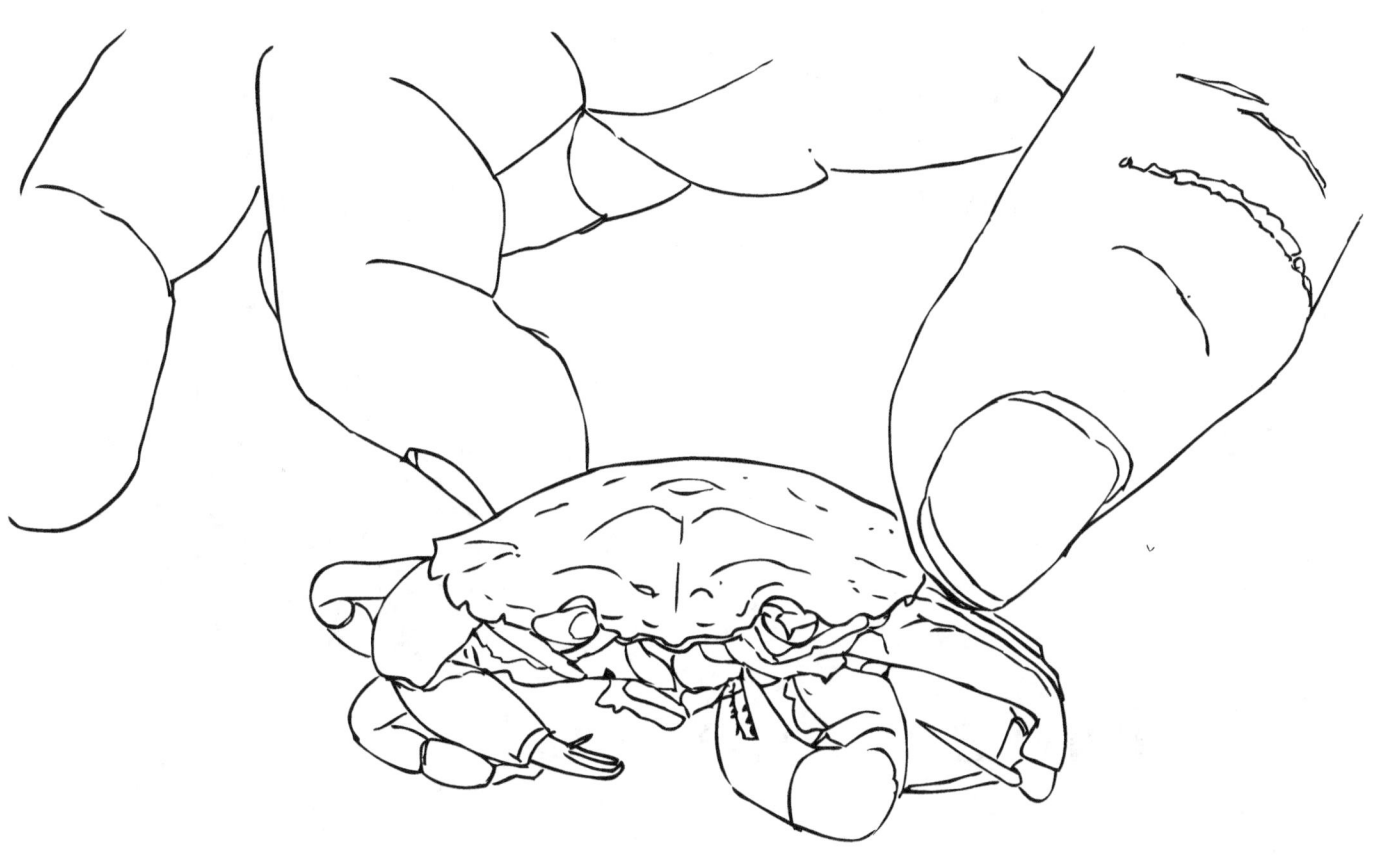

DE Leuchtturm an Land

EN lighthouse on land

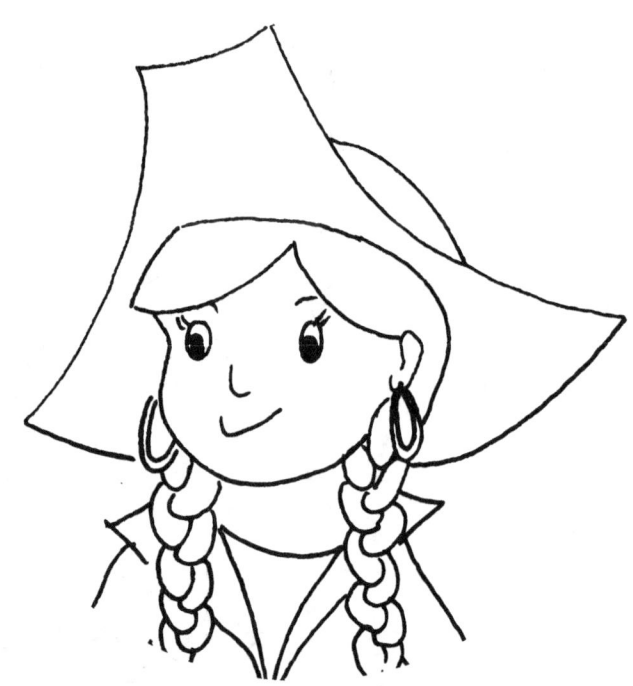

faro en tierra

SP

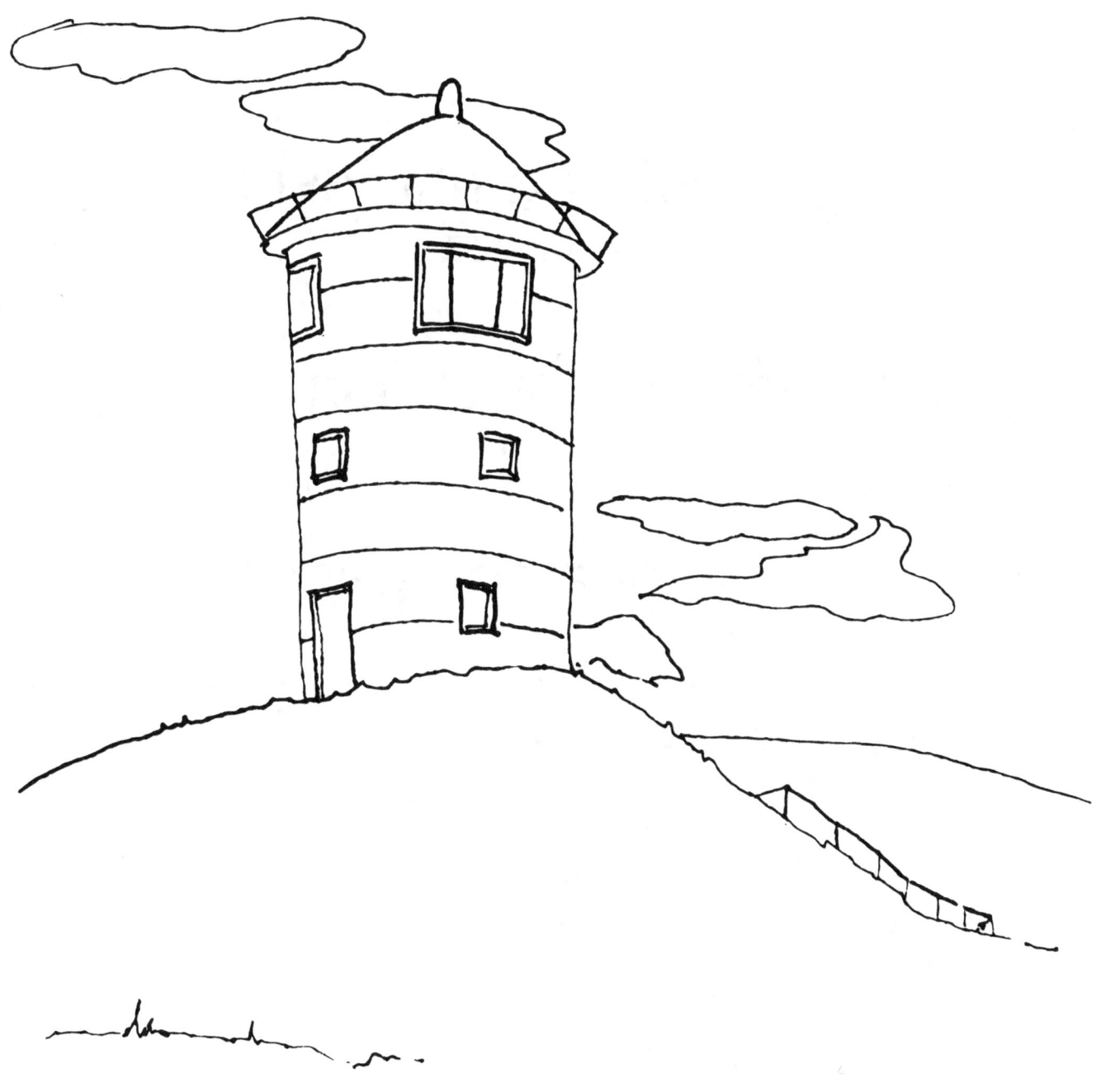

DE Seehund mit Fisch

EN common seal with fish

SP foca con pescado

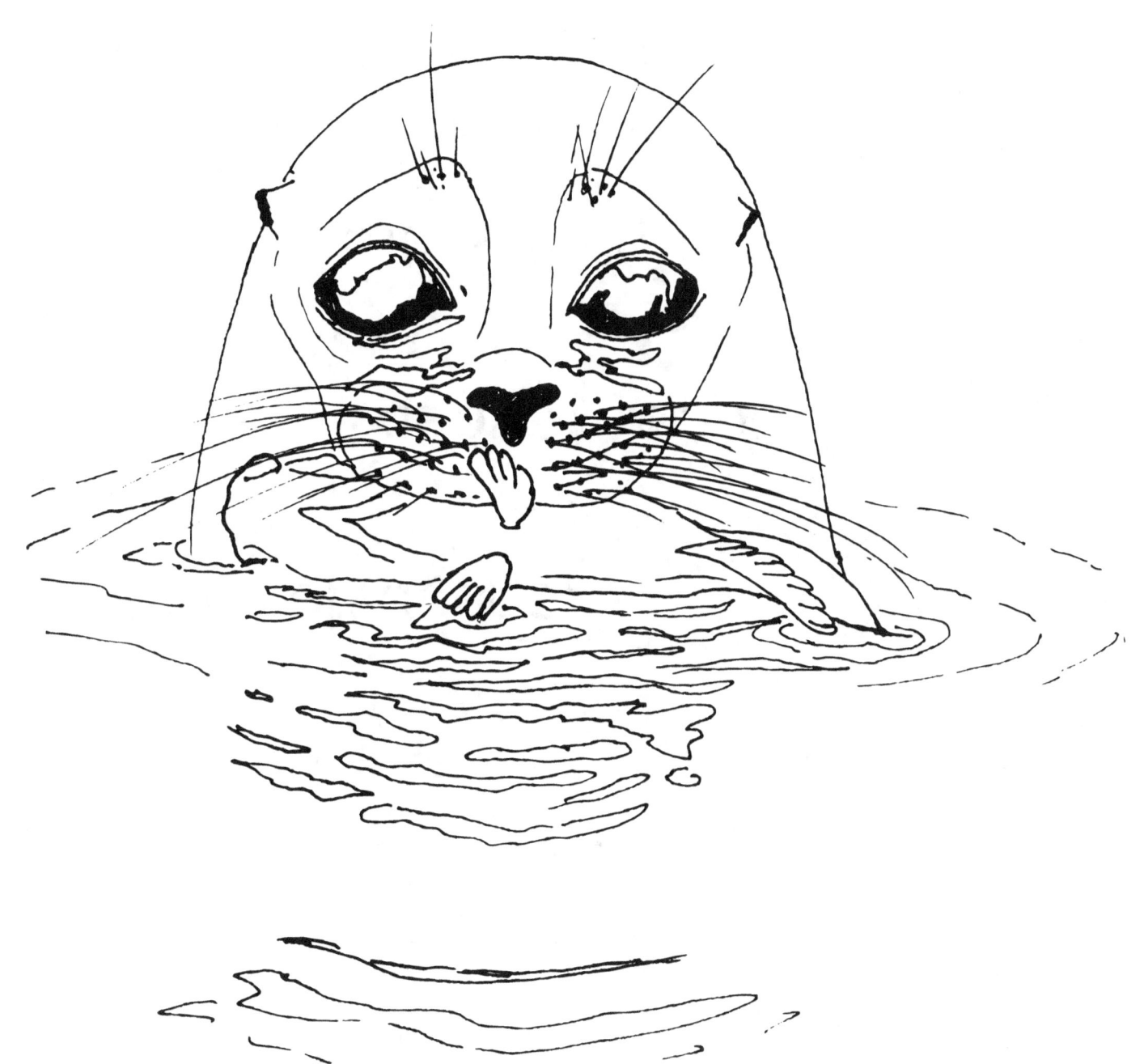

DE Schafsherde

EN flock of sheep

SP rebaño de ovejas

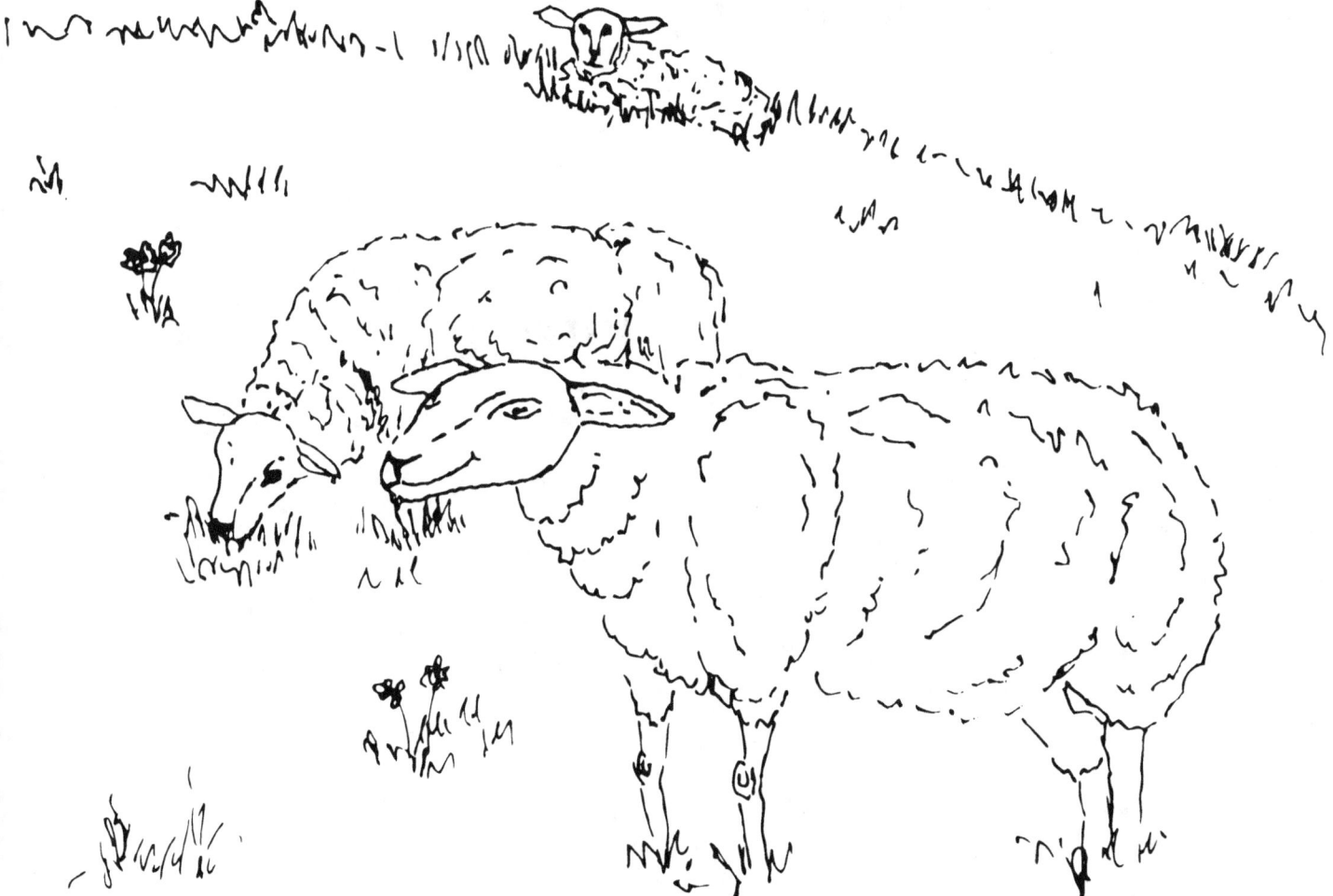

DE Kitesurfen

EN kitesurfing

kitesurf
SP

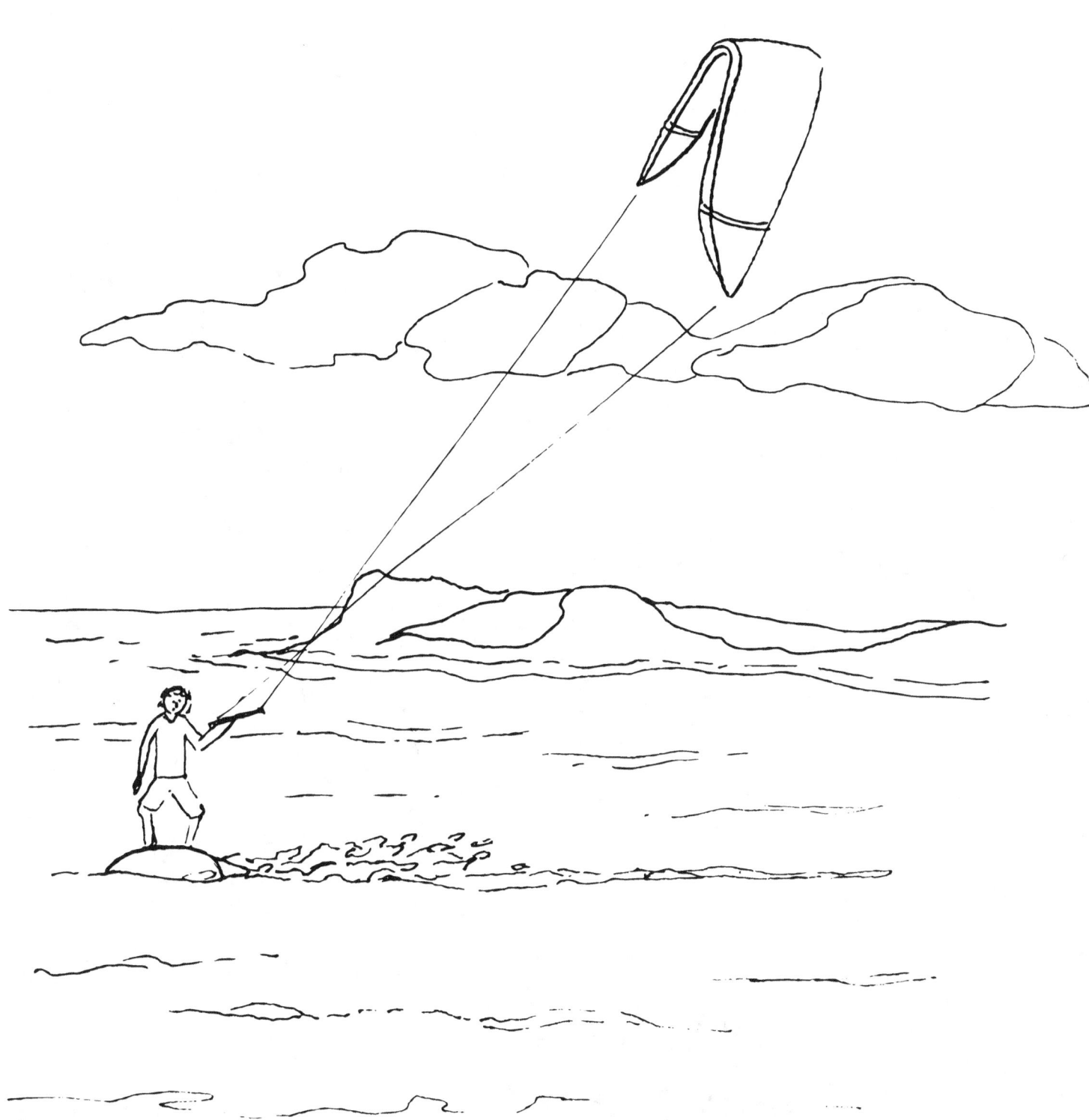

DE Seenotrettungsboote

EN rescue boats

SP barcos de salvamento

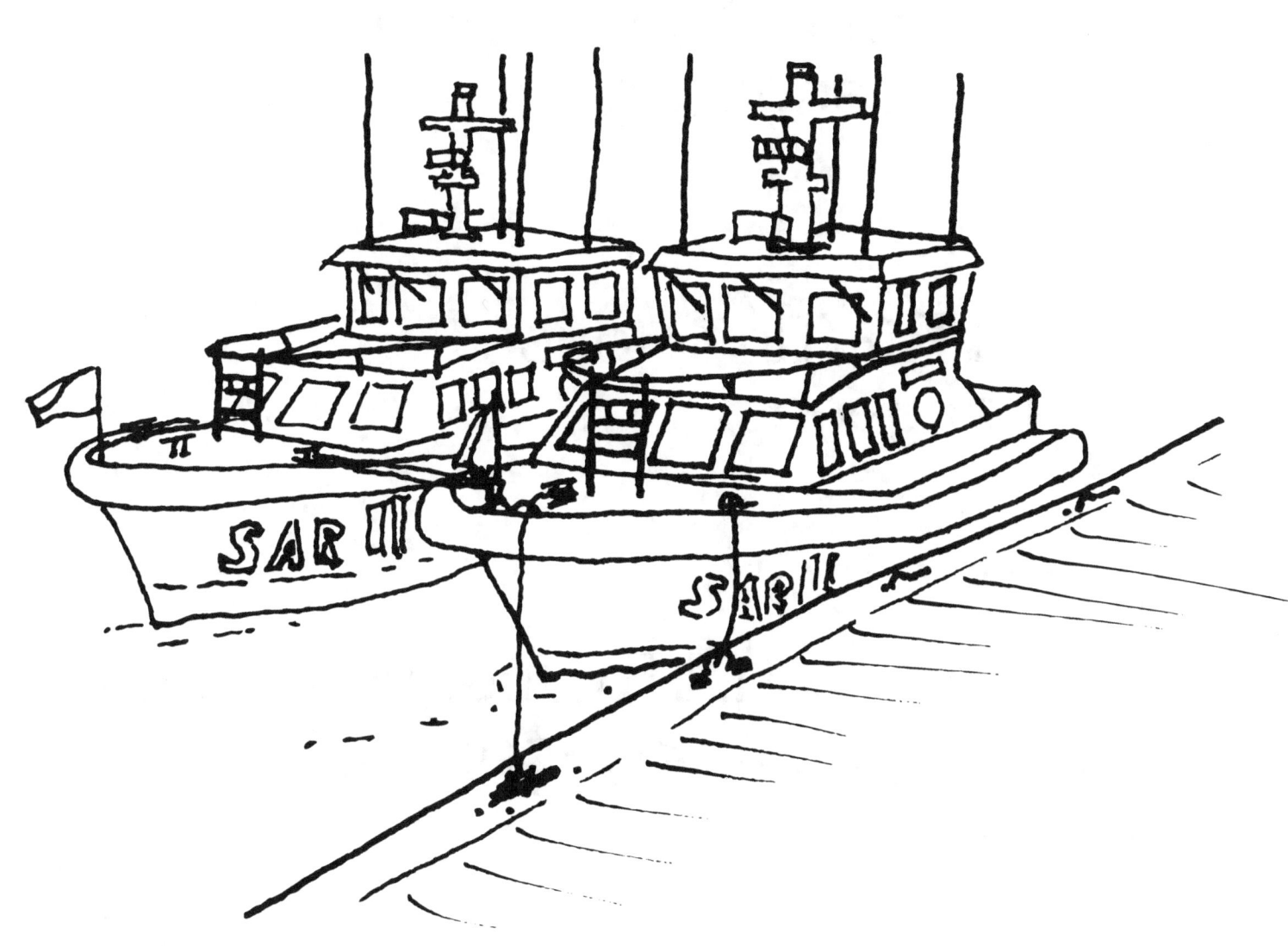

DE DLRG Tiny House Langeoog

EN DLRG Tiny House Langeoog

SP DLRG pequeña casa Langeoog

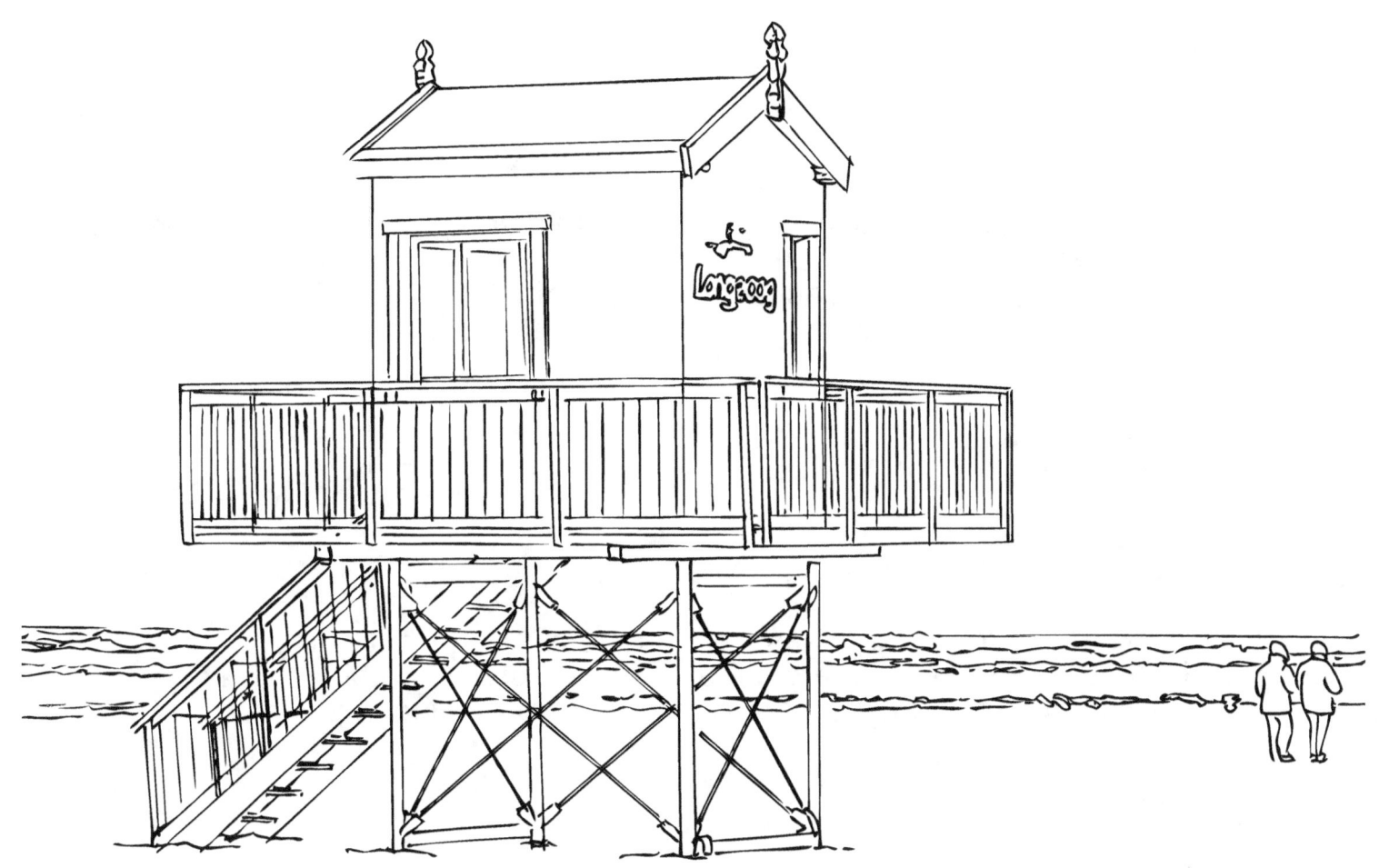

DE Vogel

Silbermöwe

Sie hat lange, schmale und spitze Flügel und einen kräftigen schlanken Schnabel, der nach unten gekrümmt ist.
Die Silbermöwe ist am Rücken grau und der Rest des Körpers ist weiß.
Die Flügelspitzen sind schwarz, ebenso der Schwanz.

EN bird

gull

They have long, narrow and pointed wings, and powerful slender beaks which are curved downwards.
The gull is gray on it´s back and the rest of the body is white.
The tips of the wings are black, as well as the tail.

SP pájaro

gaviota

Tiene alas largas, estrechas y puntiagudas y un pico fuerte y fino curvados hacia abajo. La gaviota argéntea es gris en el dorso y blanca en el resto del cuerpo. Las puntas de las alas son negras, al igual que la cola.

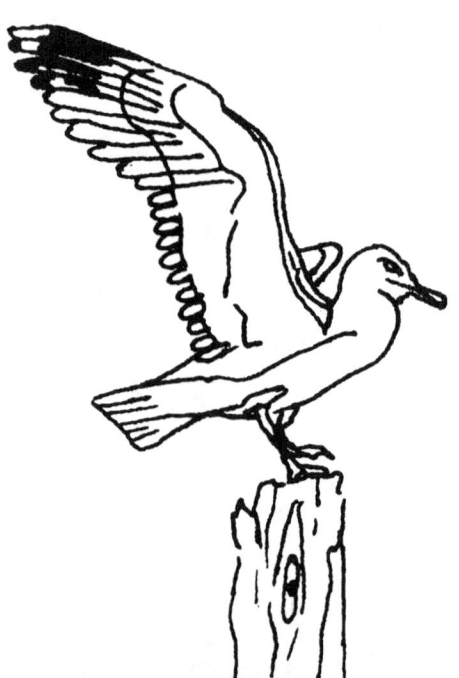

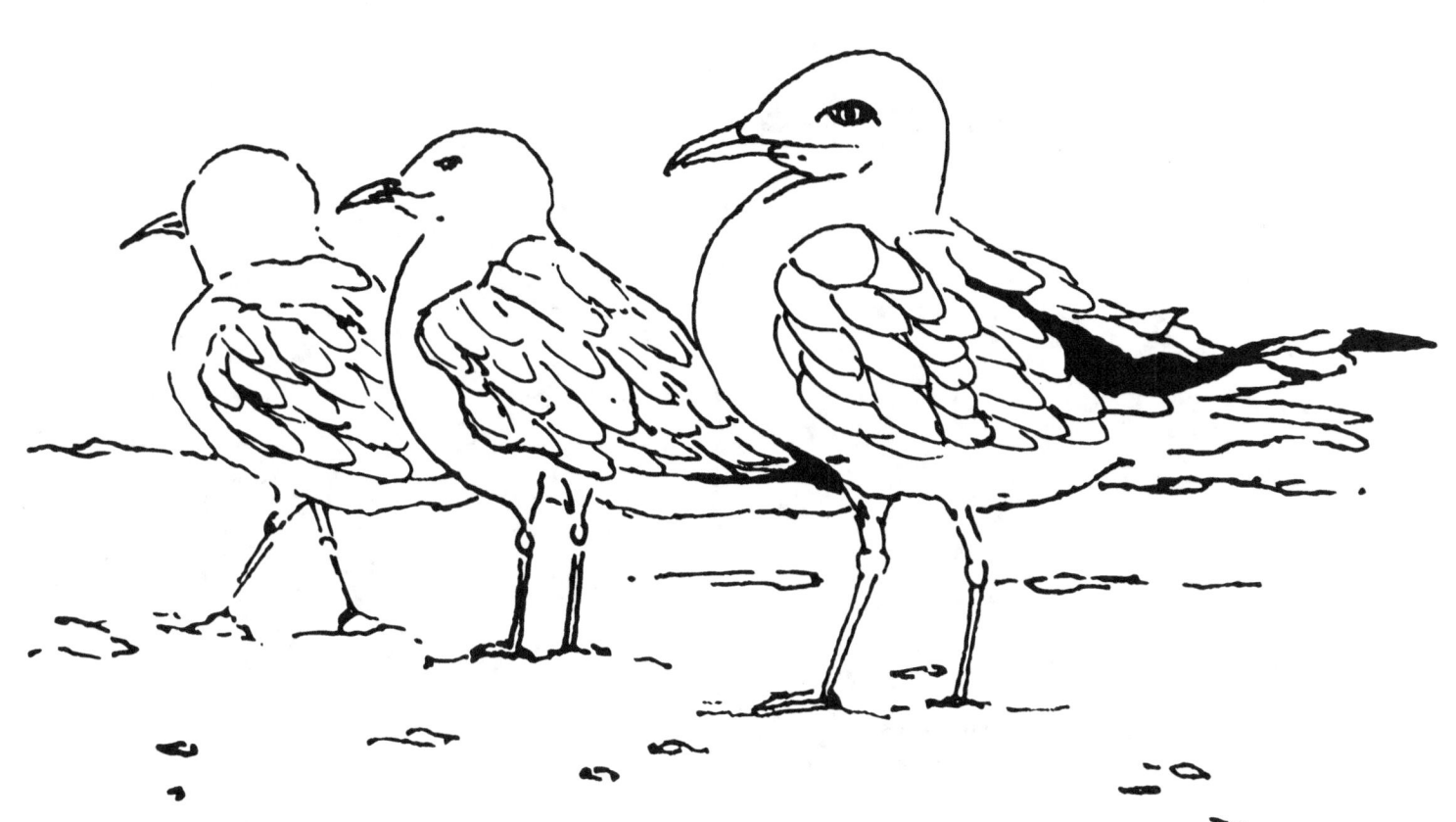

DE **Bootshaus**

EN **boathouse**

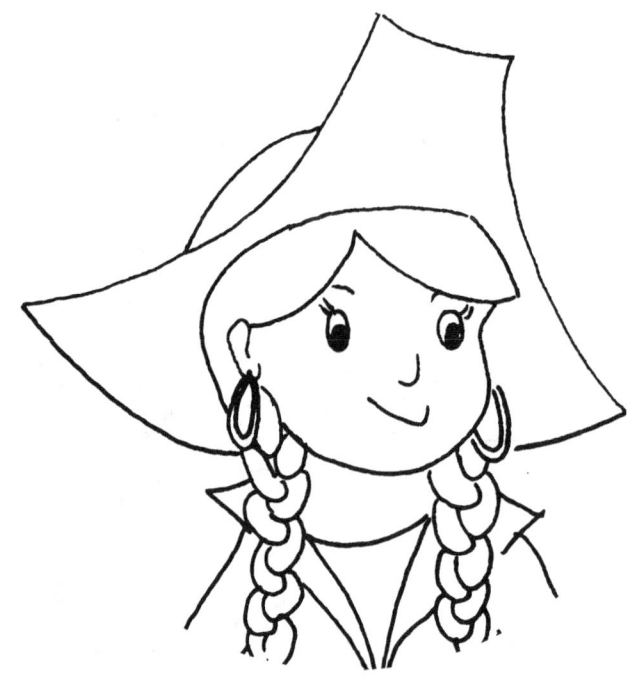

SP **cobertizo**

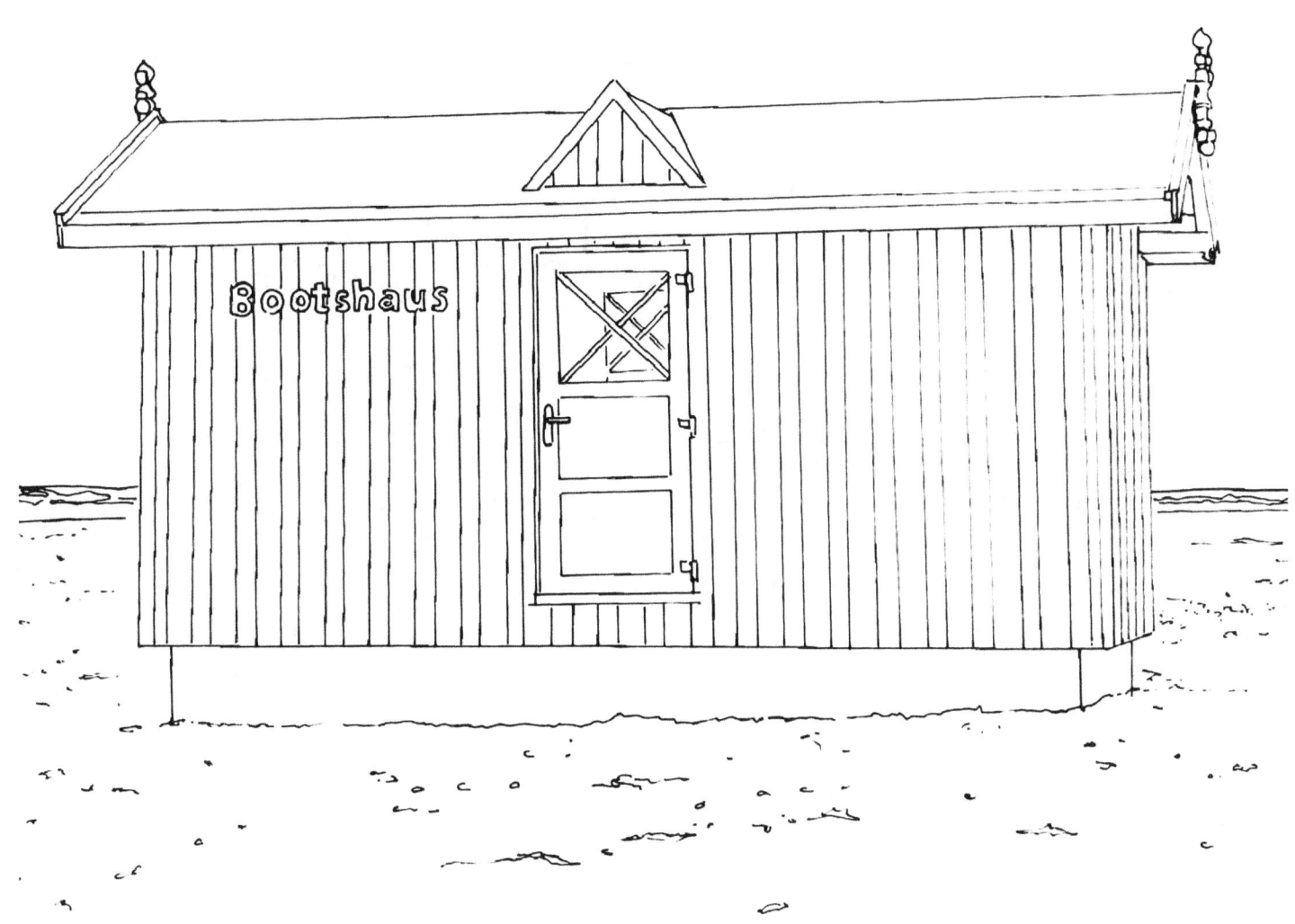

DE Fischer

fisherman
EN

pescador
SP

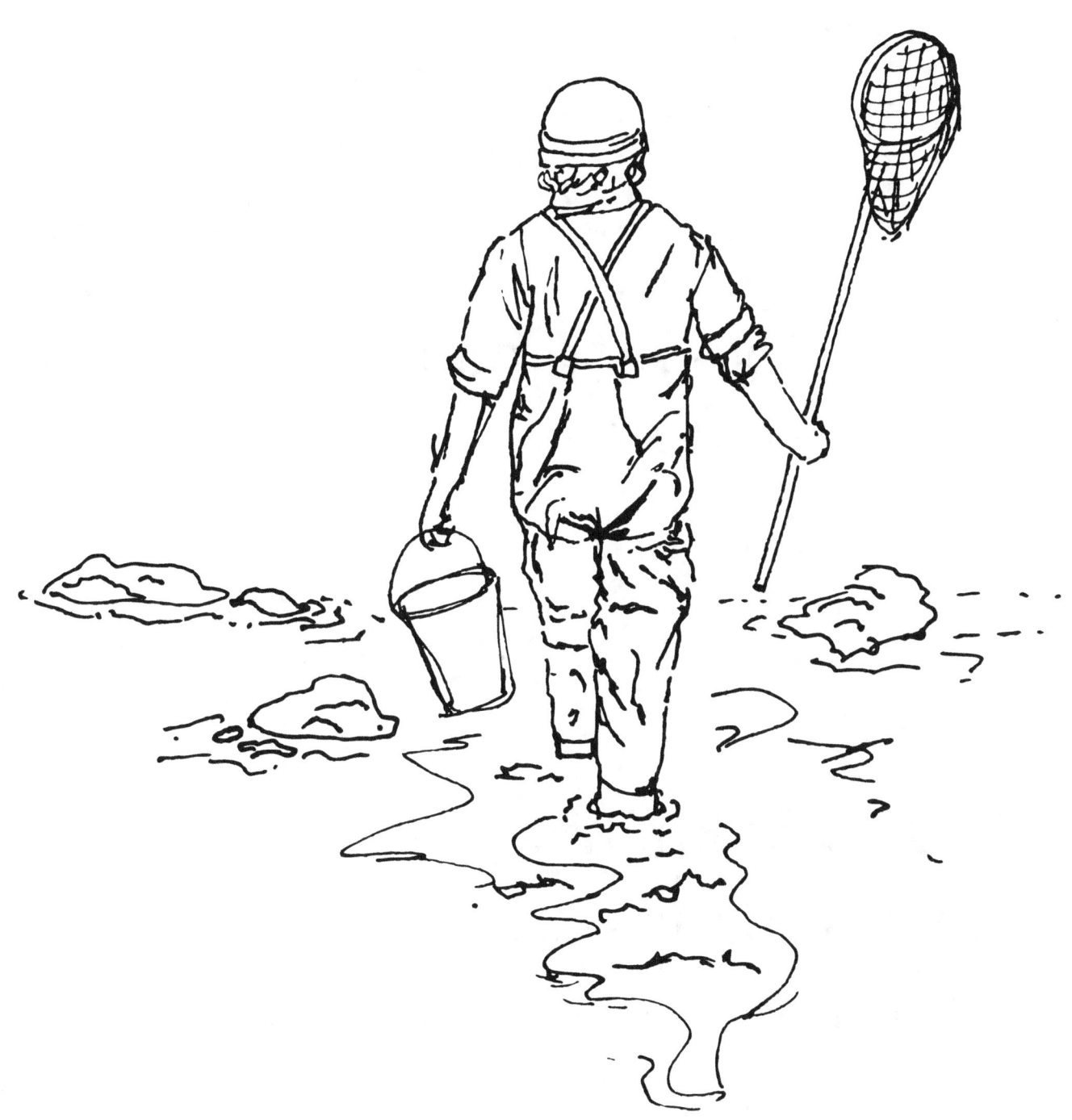

DE Bockwindmühle
Dornum

EN Bockwindmühle
windmill
Dornum

SP Bockwindmühle
molino de viento
Dornum

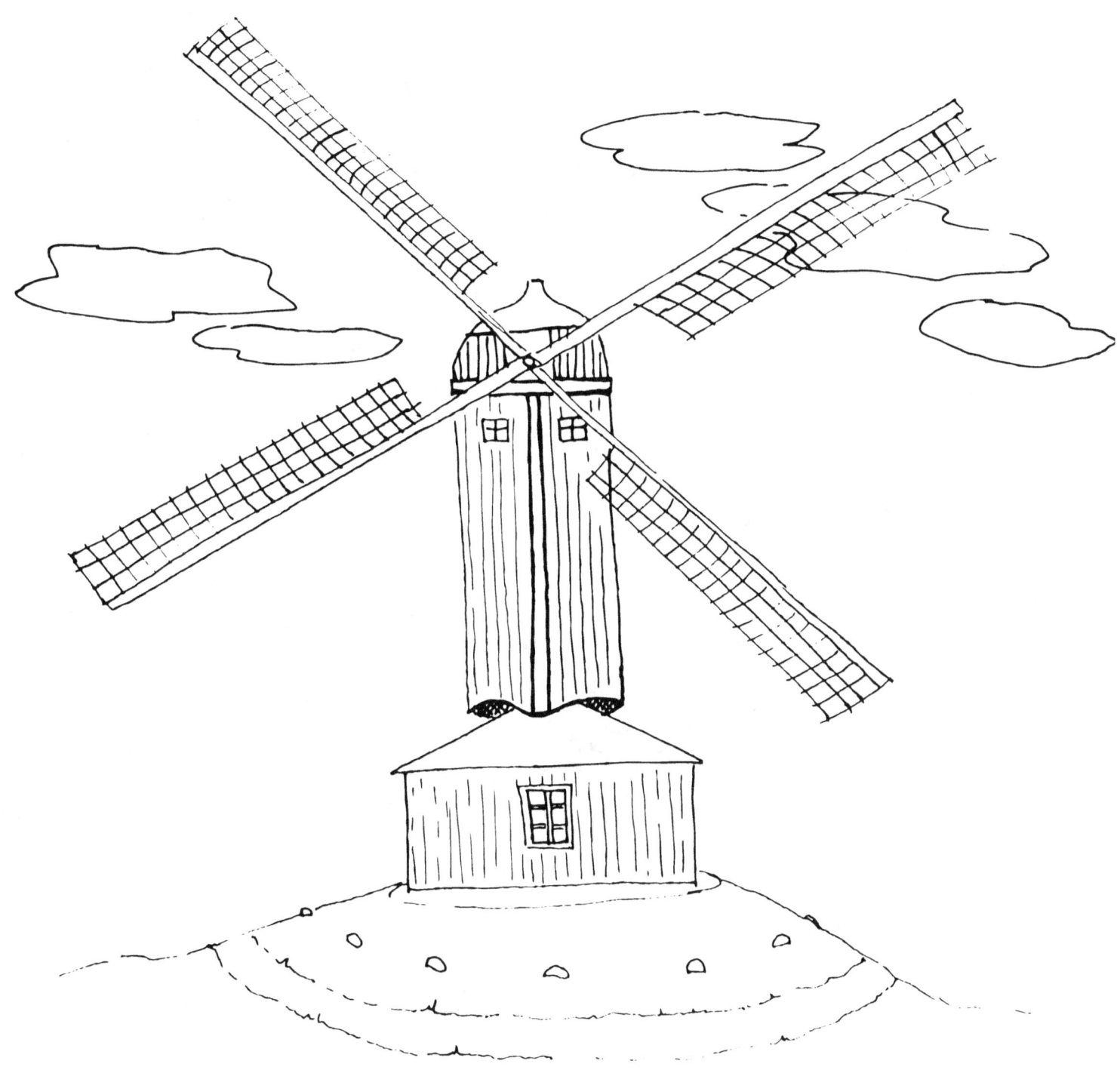

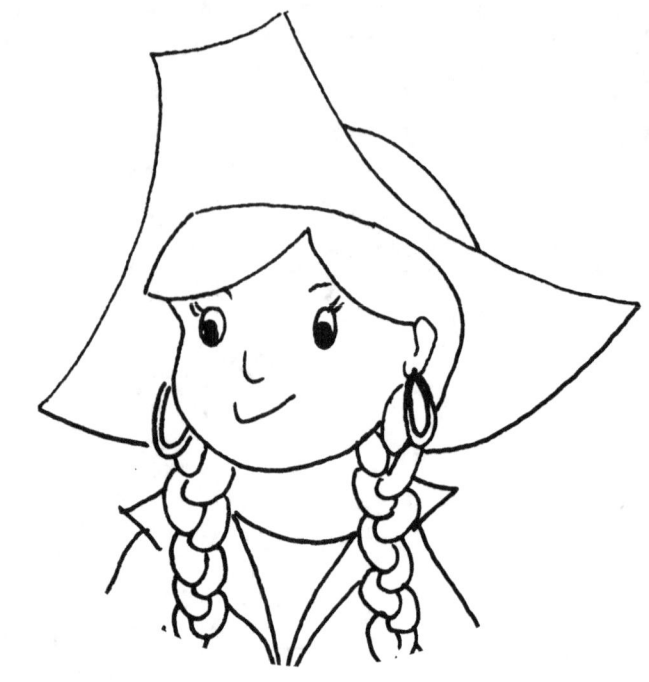

DE **Seehunde**

EN **common seals**

SP **focas**

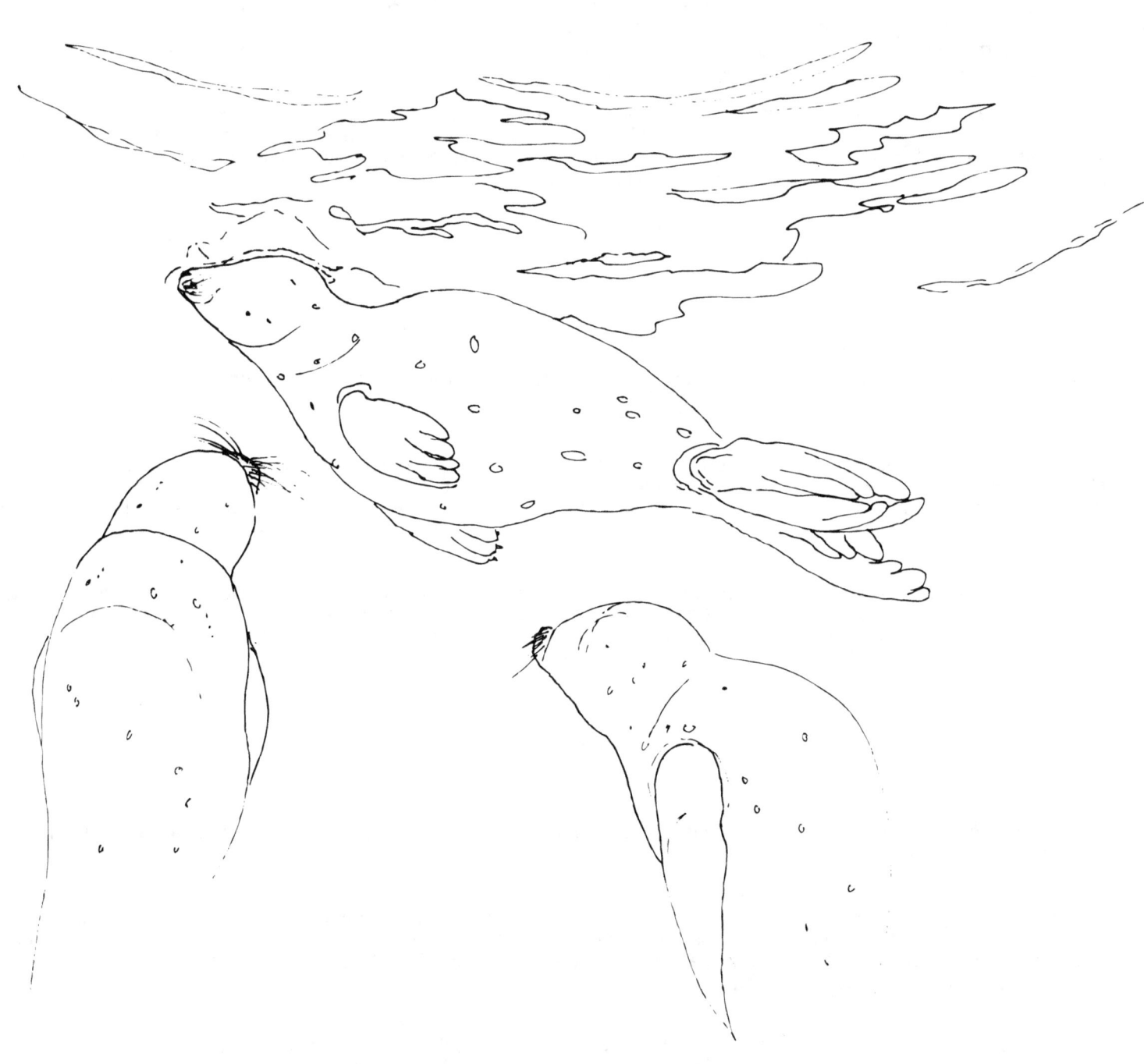

DE

Schon seit ihrer Kindheit hegt sie eine besondere Vorliebe für das Malen und Zeichnen, eine Leidenschaft, die sie im Laufe der Jahre kontinuierlich weiterentwickelt hat.

Nach erfolgreichem Abschluss ihres Innenarchitekturstudiums ließ Jasmins Begeisterung für das Reisezeichnen und Skizzieren nicht nach. Mit ihrem künstlerischen Auge und einem Pinsel in der Hand fängt sie gerne flüchtige Augenblicke in Aquarellfarben auf den Seiten ihres Skizzenbuches ein. Drei Jahre lang durfte sie in Ostfriesland verweilen, eine Zeit, die in ihr eine tiefe Verbundenheit zur malerischen Nordsee geweckt hat.

In ihrem neuesten Werk hat Jasmin Krüger mit Hingabe eine Auswahl ihrer eindrucksvollsten Skizzen zusammengetragen. Mit Stolz präsentiert sie nun diese Sammlung und lädt Sie herzlich ein, die Seiten mit eigenen Ideen und kreativer Inspiration zu füllen. Tauchen Sie ein in die faszinierende Kunstwelt, die Jasmin erschaffen hat, und lassen Sie sich von der Schönheit ihrer Skizzen verzaubern.

EN

Since she was a child, she has a special fondness for painting and drawing, a passion that she has continuously developed over the years.

After successfully completing her interior design studies, Jasmin did not lose her enthusiasm for travel drawing and sketching. With her artistic eye and a brush in hand, she likes to capture fleeting moments in watercolors on the pages of her sketchbook. She was allowed to stay in East Frisia for three years, a time that awakened in her a deep connection to the picturesque North Sea.

In her latest work, Jasmin Krüger has compiled a selection of her most impressive sketches. Now she proudly presents this collection and cordially invites you to fill the pages with your own ideas and creativity. Immerse yourself in the fascinating art world that Jasmin has created and be enchanted by the beauty of her sketches.

SP

Desde pequeña ha tenido una afición especial por la pintura y el dibujo, una pasión que ha desarrollado continuamente a lo largo de los años.

Después de completar con éxito sus estudios de diseño de interiores, Jasmin no perdió su entusiasmo por el dibujo y el boceto de viajes. Con su ojo artístico y un pincel en la mano, le gusta capturar momentos fugaces en acuarelas en las páginas de su cuaderno de bocetos. Durante tres años permaneció en Frisia Oriental, un tiempo que despertó en ella un profundo apego al pintoresco Mar del Norte.

En su último trabajo, Jasmin Krüger ha recopilado con devoción una selección de sus bocetos más impresionantes bocetos. Presenta con orgullo esta colección y le invita a llenar las páginas con sus propias ideas e inspiración creativa. Llene las páginas con sus propias ideas e inspiración creativa. Sumérjase en el fascinante mundo del arte que Jasmin ha creado y déjese cautivar por la belleza de sus bocetos.

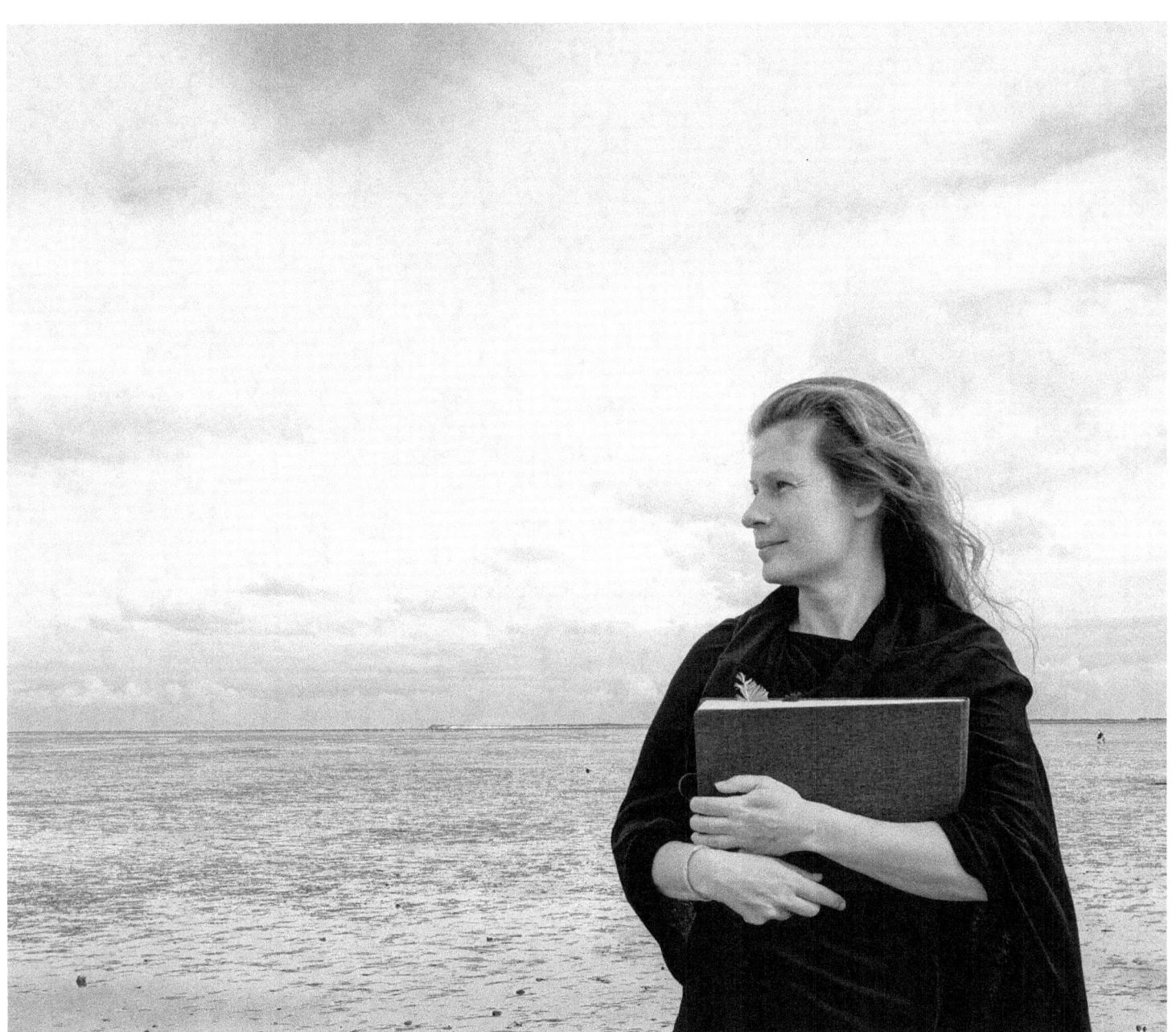

Danke, dass ihr mit mir gemalt habt.

Thank you for painting with me.

Gracias por pintar conmigo.